HERMES
2

RAMÓN DÍEZ GALÁN

ÍNDICE

Con esta novela vamos a practicar los diferentes tiempos del subjuntivo, que aparecerán en negrita durante la historia.

Cada tiempo del subjuntivo tiene una relación temporal con un tiempo del modo indicativo:

Presente de indicativo -> Presente de subjuntivo
Yo como -> Yo coma
Pretérito perfecto -> Pretérito perfecto de subjuntivo
Yo he estado -> Yo haya estado
Pretérito indefinido -> Pretérito imperfecto de subjuntivo.
Yo compré -> Yo comprara
Pretérito pluscuamperfecto -> Pret. pluscuamperfecto de subj.
Yo había ido -> Yo hubiera ido

A continuación vamos a ver un pequeño repaso del subjuntivo.

PRESENTE DE SUBJUNTIVO

Se utiliza para:

· **Imperativo negativo en todas las formas personales e imperativo afirmativo en las personas (usted, ustedes).**

¡No compres eso!   *¡No bebas antes de despegar!*   *¡Salga de aquí, señor!*

· **Después de (quizás, es posible que, es probable que, posiblemente, probablemente, tal vez, puede que…).**

Es posible que mañana llueva.   *Quizás podamos reparar el motor a tiempo.*

· **Después de ojalá.**

Ojalá vuelva pronto el mecánico.   *Ojalá se acaben las guerras.*

· **Después de (no creo que, no pienso que, no es verdad que).**

No creo que venga el capitán.   *No pienso que el planeta esté deshabitado.*

· **Cuando + subjuntivo + futuro/imperativo. Para referirnos a un momento en el futuro.**

Cuando tenga 50 años, viviré en la Luna.   *Cuando salgas de la nave, llámame.*

· **Una persona quiere/necesita que otra haga algo.**

Yo quiero que tú trabajes.   *Ellos necesitan que vayamos.*

Formación

Para la mayoría de los verbos se toma la primera persona del singular del presente de indicativo, se quita la "o" (tener -> yo tengo -> yo teng-) y se añaden las terminaciones:

	Trabajar (-AR)	Comer (-ER)	Vivir (-IR)
yo	trabaj-e	com-a	viv-a
tú	trabaj-es	com-as	viv-as
usted/él/ella	trabaj-e	com-a	viv-a
nosotros/-as	trabaj-emos	com-amos	viv-amos
vosotros/-as	trabaj-éis	com-áis	viv-áis
ustedes/ellos/-as	trabaj-en	com-an	viv-an

Espero que termines pronto.   *No salgas de la nave espacial.*

VERBOS IRREGULARES

Ser	Estar	Ir	Dar	Saber	Haber
sea	esté	vaya	dé	sepa	haya
seas	estés	vayas	des	sepas	hayas
sea	esté	vaya	dé	sepa	haya
seamos	estemos	vayamos	demos	sepamos	hayamos
seáis	estéis	vayáis	deis	sepáis	hayáis
sean	estén	vayan	den	sepan	hayan

Ojalá los escudos de la nave <u>estén</u> activados.
Busco un piloto que <u>sea</u> inteligente y ágil.

EJERCICIOS PARA PRACTICAR EL PRESENTE DE SUBJUNTIVO

· Completa las frases utilizando el presente de subjuntivo.

1. ¡No .... (ir) a Marte! Es peligroso.

2. Quiero que Igor .... (venir) a la sala de ingeniería.

3. Ojalá todo esto .... (terminar) pronto.

4. Es posible que .... (comprar) el motor que te dije.

5. No creo que ellos .... (tener) tiempo de hacerlo.

· Ahora elige entre presente de indicativo o de subjuntivo.

6. Cuando .... (comer) chocolate, me duele la barriga.

7. Cuando .... (aterrizar), llámame.

8. Yo quiero que tú .... (estudiar) para ser astronauta.

9. Pienso que ella .... (ser) muy inteligente.

10. No creo que la decisión .... (ser) buena.

Soluciones: 1 vayas, 2 venga, 3 termine, 4 compre, 5 tengan, 6 como, 7 aterrices, 8 estudies, 9 es, 10 sea.

PRETÉRITO PERFECTO DE SUBJUNTIVO

Se utiliza para:

· **Acción finalizada que sigue vinculada al presente, es decir, una situación en *pretérito perfecto* que requiere subjuntivo.**
Es posible que los jefes <u>hayan cometido</u> un error esta mañana.
Me alegra que mi hijo <u>haya decidido</u> ser astronauta.

· **Acción que finalizará en el futuro (el equivalente al *futuro perfecto* que requiere subjuntivo).**
Cuando <u>haya terminado</u>, te avisaré.
Cuando <u>haya aterrizado</u> tu nave espacial, enciende el teléfono y llámame.

Formación

VERBO HABER EN PRESENTE DE SUBJUNTIVO + PARTICIPIO

HABER	Para formar el **PARTICIPIO** cambiamos:
yo **haya**	· La terminación de los verbos (-ar) por (**-ado**).
tú **hayas**	
él/ella/usted **haya**	terminar = **terminado** hablar = **hablado**
nosotros **hayamos**	· La terminación de los verbos (-er), (-ir) por (**-ido**).
vosotros **hayáis**	
ellos/-as/ustedes **hayan**	correr = **corrido** vivir = **vivido**

Espero que el piloto <u>haya apagado</u> el motor.
No podrás salir de la nave hasta que no <u>hayamos reparado</u> las puertas.
Ojalá <u>hayan llegado</u> bien a Marte.

VERBOS IRREGULARES

Recordamos algunos verbos que tienen el participio irregular:

hacer = hecho   escribir = escrito   decir = dicho
abrir = abierto   volver = vuelto   morir = muerto
poner = puesto   romper = roto   ver = visto
resolver = resuelto   cubrir = cubierto   prever = previsto

Avísame cuando <u>hayas resuelto</u> el problema con la energía.
Si no tienen oxígeno, es posible que ya <u>hayan muerto</u>.
Espero que el capitán <u>haya dicho</u> la verdad.

EJERCICIOS PARA PRACTICAR EL PRETÉRITO PERFECTO DE SUBJUNTIVO

· **Completa las frases utilizando el pretérito perfecto de subjuntivo.**

1. Cuando .... (tú/terminar) el análisis de datos, podrás sacar conclusiones.

2. No creo que nosotros.............. (hacer) nada mal.

3. Lo acaban de reparar, espero que todo .... (ir) bien.

4. Es posible que ellos .... (llegar) ya a la estación espacial.

5. No creo que la tripulación .... (tener) tiempo de limpiar.

· **Ahora elige entre pretérito perfecto de indicativo o de subjuntivo.**

6. Esta mañana nosotros .... (lavar) el robot.

7. Cuando ...., (tú/aterrizar) busca la salida 3.

8. Espero que los astronautas .... (hacer) las cosas bien.

9. Pedro todavía no .... (estar) en la Luna.

10. Al capitán no le gusta que todavía no .... (yo/ponerse) el traje espacial.

Soluciones: 1 hayas terminado, 2 hayamos hecho, 3 haya ido, 4 hayan llegado, 5 haya tenido, 6 hemos lavado, 7 hayas aterrizado, 8 hayan hecho, 9 ha estado, 10 me haya puesto.

PRETÉRITO IMPERFECTO DE SUBJUNTIVO

Se utiliza para:

· **Una oración que necesita del subjuntivo en pasado.**
Yo quería que ella <u>viniera</u> al viaje espacial con nosotros.

· **Después de la locución "como si".**
Este chico habla como si <u>estuviera</u> con el jefe.

· **Frases condicionales irreales:**
> *si + imperfecto de subjuntivo + condicional simple*

Si <u>fueras</u> más inteligente, pasarías las pruebas de acceso.

· **En oraciones subordinadas, después de un verbo principal en condicional. Normalmente se expresan deseos.**
Me gustaría que <u>salieras</u> de la nave conmigo.

Formación

Se toma la 3.ª persona del plural del pretérito indefinido, se elimina la terminación *-ron* y se añade la terminación de la tabla, que será la misma para todos los verbos.

Trabajar -> ellos trabaja~~ron~~ -> yo trabajara

	-ar / -er / -ir
yo	-ra / -se
tú	-ras / -ses
usted/él/ella	-ra / -se
nosotros/-as	-ramos / -semos
vosotros/-as	-rais / -seis
ustedes/ellos/ellas	-ran / -sen

Yo buscaba un piloto que <u>supiera</u> hablar ruso y chino.
Si <u>pudiera</u>, te ayudaría.
Han reparado el motor como si <u>fueran</u> profesionales.
Me gustaría que <u>ayudarais</u> más en la sala de control.
Si <u>ganara</u> la lotería, viajaría al espacio.

EJERCICIOS PARA PRACTICAR EL PRETÉRITO IMPERFECTO DE SUBJUNTIVO

· **Completa las frases utilizando el pretérito imperfecto de subjuntivo.**

1. Le di consejos para que no .... (tener) problemas.

2. No creo que nosotros............... (hacer) bien los cálculos ayer.

3. Quería que ella .... (venir) a la estación espacial conmigo.

4. Necesitábamos un ingeniero que .... (hablar) chino.

5. No creía que Juan .... (intentar) hacerle daño.

· **Ahora elige entre indicativo o subjuntivo.**

6. Cuando era pequeña, ... (querer) ser astronauta.

7. Fui a visitarlo para que no .... (sentirse) solo en la Luna.

8. Yo .... (nacer) dos años antes del primer viaje espacial.

9. Te dije que .... (tú/llamar) al centro de control ayer.

10. Mi primer traje espacial .... (ser) de color naranja.

Soluciones: 1 tuviera/tuviese, 2 hiciéramos/hiciésemos, 3 viniera/viniese, 4 hablara/hablase, 5 intentara/intentase, 6 quería, 7 se sintiera/se sintiese, 8 nací, 9 llamaras/llamases, 10 era.

PRETÉRITO PLUSCUAMPERFECTO DE SUBJUNTIVO

Se utiliza para:

· **Situaciones en el pretérito pluscuamperfecto que requieren subjuntivo.**

Me extrañó mucho que <u>hubierais mandado</u> aquel mensaje.

Yo no pensé que el asteroide <u>hubiera roto</u> el sistema de comunicaciones.

· **Para formar las oraciones condicionales del "tipo 3" (imposibles porque ya han pasado).**

si + pret. plusc. de subjuntivo + condicional simple/compuesto

Si <u>hubiera nacido</u> en la Luna, tendría la piel muy blanca.

Si <u>hubiera estudiado</u> más, habría aprobado el examen para ser astronauta.

Formación

VERBO HABER EN PRET. PLUSC. DE SUBJ. + PARTICIPIO

HABER

yo **hubiera/hubiese**
tú **hubieras/hubieses**
él/ella **hubiera/hubiese**
nosotros **hubiéramos/hubiésemos**
vosotros **hubierais/hubieseis**
ellos/as **hubieran/hubiesen**

Para formar el **PARTICIPIO** cambiamos:

· La terminación (-ar) por (-**ado**).

trabajar = **trabajado**   hablar = **hablado**

· Las terminaciones (-er), (-ir) por (-**ido**).

nacer = **nacido**   vivir = **vivido**

Si no <u>hubiera ido</u> a la academia de pilotos, no habría conocido a Cristina.

Nos sorprendió que el capitán <u>hubiera aparecido</u> sin avisar.

¿Qué habríamos hecho si no te <u>hubiéramos conocido</u>?

VERBOS IRREGULARES

Recordamos algunos verbos que tienen el participio irregular:

hacer = hecho	escribir = escrito	decir = dicho
abrir = abierto	volver = vuelto	morir = muerto
poner = puesto	romper = roto	ver = visto
resolver = resuelto	cubrir = cubierto	prever = previsto

Si me lo <u>hubieran dicho</u> antes, no me habría apuntado a esta misión.
No pensé que te <u>hubiera escrito</u> el jefe personalmente a ti.
Si la nave <u>hubiera vuelto</u> a la Tierra, el ser humano no habría pisado la Luna.

EJERCICIOS PARA PRACTICAR EL PRETÉRITO PLUSCUAMPERFECTO DE SUBJUNTIVO

· **Completa las frases utilizando el pretérito pluscuamperfecto de subjuntivo.**

1. ¿Qué habríamos hecho si no .... (tener) luz?

2. Si yo.............. (saber) que no iban a venir, no habría puesto tanto oxígeno en la nave.

3. Si Marta lo ...., (ver) te lo diría.

4. No pensé que ella .... (romper) la puerta el día anterior.

5. Si tú me lo .... (decir) antes, te habría ayudado.

· **Ahora elige entre indicativo o subjuntivo.**

6. Él dijo que .... (estar) en el espacio el año anterior.

7. No creí que ella lo .... (hacer) sola.

8. Cuando llegamos, la misión ya .... (terminar).

9. Si yo .... (llegar) antes, lo habría solucionado.

10. No me gustó nada que el capitán .... (avisar) al centro de control antes que a nosotros.

Soluciones: 1 hubiéramos tenido/hubiésemos tenido, 2 hubiera sabido/hubiese sabido, 3 hubiera visto/hubiese visto, 4 hubiera roto/hubiese roto, 5 hubieras dicho/hubieses dicho, 6 había estado, 7 hubiera hecho/hubiese hecho, 8 había terminado, 9 hubiera llegado/hubiese llegado, 10 hubiera avisado/hubiese avisado.

HERMES

2

En la historia encontrarás los verbos en subjuntivo resaltados en **negrita**.

El motivo por el que estos verbos están en subjuntivo aparecerá <u>subrayado</u>.

Año 2073: el ser humano es amo y señor del planeta, lo ha transformado a su antojo para satisfacer todas y cada una de sus necesidades. Hay ciudades que se extienden cientos de kilómetros, aviones capaces de dar la vuelta al globo terráqueo en menos de dos horas y alimentos sintéticos que han acabado con el hambre en el mundo. Parece haberse alcanzado el nivel de equilibrio, estabilidad y armonía que se había perseguido durante los últimos siglos.

No es ningún secreto que James Evans, el ya casi perpetuo presidente de la ONU, es la persona más poderosa del planeta. Los diferentes países han cedido competencias a este organismo que vela por la igualdad y la paz en el mundo.

James sabe que este es un día especial. A pesar de haber preparado su discurso minuciosamente, no puede evitar sentir escalofríos. Su carácter serio y su profesionalidad le ayudan a ocultar los nervios que invaden su cuerpo. Estas palabras se retransmitirán en directo por todos los canales de comunicación del planeta, millones de personas esperan expectantes en sus hogares.

Llega el momento. Tras una breve sintonía de apertura, aparece en pantalla un primer plano del presidente James Evans.

"Queridos compatriotas, hoy es un día histórico. La raza humana, más unida y fuerte que nunca, se aventura hacia lo desconocido. Hemos aprendido de los errores del pasado. Hemos alcanzado juntos un estado de bienestar con el que no podíamos ni soñar hace unos años. Ahora nuestro deber es continuar hacia delante y así dejar a nuestros hijos un mundo mejor. Pocos límites nos quedan por alcanzar y uno de ellos es el espacio exterior. La Hermes 2 es la nave espacial más avanzada en la historia de la humanidad, llegará hasta los confines del universo conocido, más allá que cualquier otra nave o sonda. Hoy no me dirijo a vosotros como presidente, sino como un ciudadano más de la Tierra que vive el momento con emoción.

Estamos frente a una misión histórica. Hoy hablo como un padre dolido porque no volverá a ver a su hijo, pero orgulloso de verle convertirse en un héroe para…".

Mientras tanto, a cientos de kilómetros.

—No puedo más —protesta enérgicamente Eric, justo antes de apagar la pantalla—. Estoy deseando ya abandonar este planeta. Lena, calienta motores y sácanos de aquí.

—Será un placer, cielo —la joven piloto bromea con su compañero al tiempo que le lanza un cojín—. ¿Nos fugamos con la nave? El capitán nos mataría.

Eric aparta el cojín de su cara y responde.

—No me lo **pidas** dos veces, solos por el universo tú y yo…

—¡Eh! Ya basta, tortolitos. Estoy aquí. Que **sea** el nuevo no significa que **podáis** ignorarme como si no **existiera** —Igor trata de mostrarse ofendido, aunque no actúa demasiado bien—. La espera se me está haciendo interminable.

Los tres tripulantes de la Hermes 2 se encuentran en la sala de espera de la plataforma del lanzamiento, han pasado allí las últimas seis horas, el despegue ya es casi inminente. Eric camina de un lado al otro de la habitación, es un prestigioso científico aeronáutico, probablemente **sea** el mejor en su campo. Su cabeza procesa cientos de cosas por minuto y no puede evitar analizar cada situación. Pensativo como siempre, se detiene frente a su gigante compañero.

—¿Sabes qué, Igor? Voy a pasar contigo casi el resto de mi vida y apenas sé nada sobre ti. Solo he oído que eras ingeniero en la unidad de élite del ejército ruso, eso antes de que **se fusionara** con las fuerzas de paz de la ONU.

—Sabes lo suficiente, amigo. No es mi culpa que vuestro ingeniero **tuviera** un accidente una semana antes del viaje —Igor responde en un tono un tanto desafiante. Su estatura y volumen asustan a cualquiera. Por su aspecto se le podría confundir con el gorila de una discoteca—. ¿Acaso tienes miedo de los rusos?

—Ya basta, chicos —Lena trata de calmar la situación—. Es casi la hora, <u>no</u> **discutáis** más y poneos vuestros trajes.

Los dos hombres obedecen a la piloto. Al fin y al cabo, es la segunda al mando en la misión, después del capitán.

El mundo entero está expectante. Los tres astronautas avanzan por la pasarela, se detienen frente a la escotilla, miran hacia las cámaras, se despiden y entran en la nave.

Lena hace las comprobaciones pertinentes.

—¿Sistema vital?

Eric responde.

—Conectado

—¿Energía?

—Ok.

—¿Sistemas de propulsión?

—Conectados

—¿Comunicaciones?

—Funcionando en perfecto estado, estamos listos.

—¡Allá vamos! ¡Sujetaos!

La Hermes 2 despega entre una nube de humo y atraviesa la atmósfera a toda velocidad.

Estación Espacial Internacional (437 kilómetros de la Tierra)

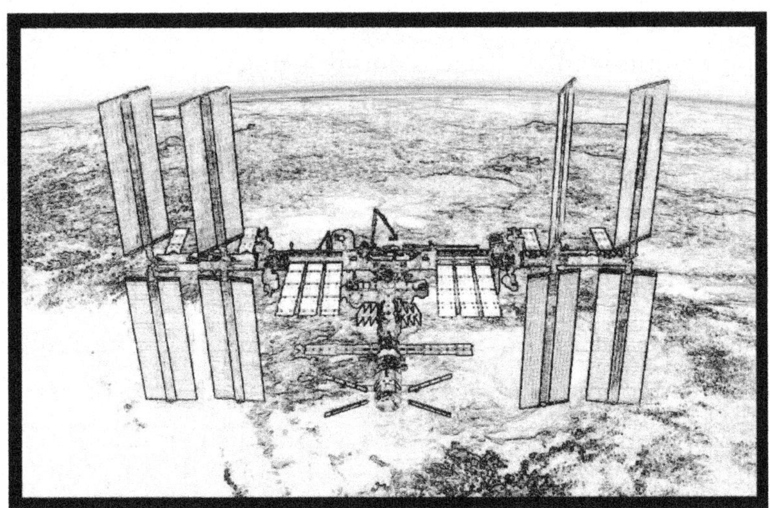

—Capitán Evans, ya está todo listo —Álex termina de fijar unos paneles eléctricos al módulo espacial—. La nave ha despegado hace poco, llegarán a las 19:06.

Evans contesta con voz seria al tiempo que mira su reloj.

—Se retrasan.

—Bueno… Ya sabe, señor. <u>Es posible que</u> Eric **haya olvidado** algo en su casa y…

El capitán no tiene ni la menor intención de reírse con las bromas de su compañero.

—**Apague** los sistemas, **aísle** los compartimentos y **póngase** su traje. Nos subimos al módulo.

—Capitán… Señor… ¿No estará pensando en soltarlo con nosotros dentro? —Álex no oculta su sorpresa—. Podemos esperar <u>hasta que</u> **lleguen** y **hagan** el acoplamiento normal a la estación.

Evans responde con decisión.

—No pienso retrasar esta misión ni un segundo más, la Hermes 2 nos interceptará y pescará en el espacio.

—¿Y si no lo hace?

—Lo hará. Lena es la mejor piloto que conozco, ha acoplado la nave a módulos flotantes en el simulador cientos de veces.

Álex no parece tan decidido como su superior, sin embargo, sabe que no tiene nada que decir. El capitán Evans es quien da las órdenes.

—<u>Cuando</u> la Hermes 2 **aparezca** en el radar, <u>**suelte**</u> el módulo.

—Ahí está.

—Pues… ¿A qué está esperando? <u>**Sáquenos**</u> de aquí.

—¡Oh Dios mío!

Álex obedece a su capitán y acciona varios botones. El módulo científico se desacopla de la Estación Espacial Internacional y se queda flotando en el espacio. En su interior se encuentran sus dos tripulantes: el capitán Ryan Evans y el astrónomo Álex López.

—Señor, <u>no es que</u> **tenga** miedo —Álex miente fatal—, pero creo que podríamos haber esperado unos minutos.

La nave se encuentra con el módulo científico. Tal y como había previsto el capitán, Lena maniobra con sutileza, se aproxima con el motor apagado y la Hermes 2 se conecta con el módulo flotante sin ningún problema. Tras unos segundos se abre la escotilla.

—Capitán, Alex, bienvenidos a bordo —Eric es el primero en saludar a los recién llegados—. Debo admitir que el numerito del módulo a la deriva me ha sorprendido. Conociendo a Álex, <u>no creo que</u> lo **haya pasado** muy bien, ¿me equivoco?

Álex se lo toma con humor.

—La próxima vez nos cambiamos los papeles. ¿Qué te parece si…?

—La Hermes 2 ha despegado con retraso —Evans interrumpe la conversación al tiempo que hace algunas comprobaciones rutinarias en la nave—. ¿Dónde está el nuevo ingeniero?

—En el puente, con Lena.

—Vamos —ordena el capitán Evans justo antes de liderar la marcha hacia la sala desde la que se pilota la nave.

—Me alegro de verle, capitán —La joven piloto saluda con una sonrisa—. La nave está acelerando, en unos minutos alcanzaremos la velocidad máxima de crucero.

Igor trata de levantarse para saludar al capitán, pero este se lo impide.

—<u>No</u> **se levante**, <u>**continúe**</u> con su trabajo —dice Evans.

—Sí, señor. Mi nombre es Igor Kozlov, soy ingeniero jefe del equipo aeroespacial de la ONU en …

—Conozco su historial, he leído los informes y <u>espero que</u> **sea** usted tan bueno como dicen. Alex, **<u>acompáñeme</u>** a la bodega, hay que asegurar todo el equipo antes de la criogenia.

El capitán y el astrónomo abandonan el puente.

—¿Es siempre así de simpático? —Igor se gira y pregunta a sus compañeros—. Me refiero al capitán, <u>esperaba que</u> al menos me **saludara**.

—Evans es un hombre muy perfeccionista y reservado —Eric se dirige al gigante Igor—. Aunque yo diría que le has caído bien.

—¿Por qué?

—Estás sentado en su asiento y no te ha dicho nada.

Igor se sobresalta, pues no se había percatado del detalle. Lena y Eric se ríen a carcajadas. El ingeniero ruso trata de continuar con la broma.

—Al menos hemos llegado más lejos que la Hermes 1, parece que hicieron una buena barbacoa espacial.

Nadie se ríe en esta ocasión. Lena se levanta disgustada y abandona el puente.

—¿Pero qué mosca le ha picado? —pregunta Igor—. Era solo una broma.

—A veces es mejor no abrir esa bocaza —reprocha Eric a su compañero—. El padre de Lena era el piloto de la Hermes 1, un buen hombre. Todos los que estamos en esta nave vimos el despegue y el accidente en directo.

Pasan los primeros días a bordo de la nave y la tripulación ultima los preparativos para la segunda etapa de la misión. <u>Cuando</u> **llegue** el momento, deberán congelar sus cuerpos para no sufrir los efectos de la hipervelocidad ni del paso del tiempo.

—¿Qué opinas del nuevo? —pregunta Álex mientras revisa una vez más el inventario del módulo científico—. No parece un típico astronauta, sino más bien un tipo duro de esos de las películas.

Eric responde inmediatamente.

—Está aquí porque es el mejor ingeniero mecánico del mundo, al menos, eso aseguran los rusos. Durante la guerra de la antigua China, fue capturado, encerrado y torturado. Los chinos <u>querían que</u> Igor les **ayudase** a desarrollar la tecnología de invisibilidad, pero en vez de eso, les destruyó media ciudad. Escapó reventando una pared de la celda y se escondió en un vertedero. Con los restos de basura que encontró, formó una bomba de hidrógeno que utilizó para volar por los aires el cuartel general chino. Prácticamente, ganó media guerra él solo.

—Sí, he oído sus batallitas —Álex se acerca a su compañero y continúa hablando—. <u>No creo que</u> **debamos** despertarlo de la criogenia.

—¿Estás loco?

—Me da mal rollo, Eric. ¿No te parece todo muy extraño? Un accidente y un cambio de ingeniero mecánico antes del viaje espacial más importante de la historia. Confío en todos vosotros, pero no en él.

—Igor es un idiota y no me gusta su forma de hablar, pero <u>no creo que</u> **tengas** de qué preocuparte. De todos modos, no le quitaré el ojo de encima —Eric trata de cambiar de tema—. ¿Y qué tal tu mujer?

—Muy bien. Ayer escuché su último mensaje de audio antes de la criogenia. Va a pasar un tiempo en casa de sus padres, para no sentirse sola, ya sabes. <u>Le propuse que</u> **dejara** el trabajo y **se dedicara** a escribir un libro, su auténtica pasión, pero no ha querido hacerlo.

—Una chica lista, escribiendo libros no se gana dinero.

—Eric, amigo mío, <u>cuando</u> **volvamos** de esta misión, seremos ricos. No habrá necesidad de trabajar nunca más —Álex hace una pausa de unos segundos y prosigue—. Perdóname, digo estupideces, esto es un viaje solo de ida. Cuando nos embarcamos en la misión, sabíamos que las posibilidades de volver eran remotas. Mi mujer y yo fingimos normalidad, pero en el fondo sabemos que no nos volveremos a ver.

Eric se asoma por la ventanilla y dirige su mirada hacia el espacio. Álex, por su parte, comprueba uno de los compartimentos del módulo.

—¿Sabes, Álex? Yo no hago esto por dinero. <u>Quizás</u> te **suene** extraño, pero cuanto más me alejo de la Tierra, más me siento como en casa. Todo lo que nos rodea ahora mismo es fascinante. <u>Tal vez</u> **seamos** los primeros en contactar con una nueva civilización. Yo no me lo perdería por nada del mundo, ¿y tú?

El discurso de Eric, el científico, no obtiene respuesta.

—¿Álex?

Este sigue sin responder.

—¿Álex? ¡Álex! ¡Álex! —Eric alza el tono de voz.

El joven astrónomo está completamente paralizado frente al compartimento médico. Eric se acerca y lo sujeta por el hombro.

—¿Qué demonios te pasa?

Álex responde susurrando, con voz débil y asustado.

—Un arma.

Efectivamente, el astrónomo sujeta entre sus manos una pistola de riel, un arma ligera pero devastadora.

—¿Dónde la has encontrado? —pregunta Eric—. Esta tecnología no está al alcance de cualquiera.

—Aquí, estaba escondida en un doble fondo —Álex habla sin poder ocultar sus nervios—. Creo que estas cajas las guardó el capitán.

—¿Estás seguro?

—Sí… Bueno… No… No sé…

Eric toma el control de la situación. Envuelve la pistola en un trapo y se dirige a su compañero.

—Escúchame, esto es lo que vamos a hacer…

El científico susurra durante unos treinta segundos a la oreja de su compañero, el cual escucha atentamente. Eric confirma que Álex lo ha entendido.

—¿Está claro?

—Sí.

—**Pase** lo **que pase**, no debes decirle nada a nadie. Ni siquiera al capitán, ¿de acuerdo?

Álex no responde con palabras, sino que asiente con la cabeza.

—Muy bien, ahora vamos a acabar aquí. Me está entrando un hambre de locos —concluye Eric.

Se acerca el momento que todos temen. El capitán Evans reúne a la tripulación en el puente de mando.

—Lena, informe.

—Vamos a 120 kilómetros por segundo. Los propulsores magnéticos de hipervelocidad se activarán en cinco horas y alcanzarán su máxima potencia en doce horas.

—Muy bien. Tenemos tres horas para entrar en las cámaras.

Eric exclama frente al grupo.

—¡No me gusta la idea de congelarme!

El capitán le replica.

—¿Preferiría usted vagar cinco años por el espacio y agotar la comida, el agua y el oxígeno?

—<u>No</u> **seas** cobarde —Igor se burla de su compañero—. Un poco de frío no te va a estropear ese peinado de Elvis.

Todos se ríen, a excepción de Álex, que pregunta en voz alta.

—¿Quién eligió el nombre de la nave? ¿Por qué Hermes?

—Viene de la mitología griega —responde el capitán Evans—. Según dicen, Hermes era el heraldo de los dioses. Un mensajero, al igual que nosotros, que llevaremos el mensaje de la humanidad más allá de las fronteras del universo.

—Estoy al tanto de la historia, capitán —dice Álex. Inmediatamente se levanta y continúa—. Hermes era el mensajero de Zeus, pero lo que me inquieta es que también guiaba a los mortales hacia las puertas del inframundo. Los acompañaba durante su muerte. Y aquí estamos, viajando con Hermes hacia lo desconocido. Todos sabemos lo que le sucedió a la Hermes 1. Lo siento mucho, Lena, por sacar el tema de nuevo.

La piloto no responde. Nadie lo hace. Entonces, Álex trata de terminar su discurso.

—Solo digo que me inquieta este nombre. Podrían haber elegido algo menos relacionado con la muerte y...

—Ya es suficiente —el capitán da sus últimas órdenes—. **Recojan** sus equipos y no **olviden** enviar un mensaje a la Tierra, será su última oportunidad.

De repente, se sienten unas fuertes turbulencias en la nave. Alguno de los tripulantes pierde el equilibrio.

—¿Qué pasa? —Eric pregunta asustado—. ¿Qué ha sido eso?

Lena corre a tomar los mandos de la nave. Evans la sigue.

—Asteroides, capitán. No sé qué pasa, no deberían estar aquí. Hay muchísimos.

—¿Puede cambiar de rumbo para evitarlos, piloto?

—Demasiado tarde, ya estamos dentro del campo de asteroides. Los esquivaré.

La tripulación está aterrada, pues la nave vuela a gran velocidad entre rocas que la triplican en tamaño y se desplazan aleatoriamente. Lena muestra sus habilidades evitando los obstáculos con pericia.

—¡Impresionante! —exclama Igor—. Jamás había visto a alguien pilotar así.

—Dame las gracias <u>cuando</u> **hayamos salido** de aquí. Uno de esos pedruscos basta para convertirnos en polvo espacial.

—Vamos a morir aquí arriba, hay demasiados asteroides —Álex es el pesimista del grupo—. Nunca debí haber subido a esta nave.

Dos rocas gigantes se acercan rápidamente y, poco a poco, van cerrando el paso. La colisión es inminente, en pocos segundos aplastarán a la Hermes 2. Álex grita de pánico. Lena mantiene la concentración, activa los retropropulsores y la nave frena en seco. Las rocas chocan entre sí, se resquebrajan y dejan un pequeño túnel. Lena aprovecha la oportunidad y dirige la nave a través de la estrecha vía de escape. Se escuchan algunos impactos ligeros en la nave, rocas chocando contra el casco metálico que los protege del espacio.

—Estamos fuera del campo de asteroides, capitán.

—Buen trabajo, Lena. ¿Algo de qué preocuparse, Igor?

—Los impactos no parecen haber sido gran cosa, <u>quizás</u> el polvo de los asteroides **haya rozado** la cubierta de la nave —el mecánico mira su reloj—. No hay suficiente tiempo para salir al exterior de la nave y comprobar si hay daños, el sistema de hiperpropulsión ya está programado.

—Tendremos que hacerlo desde aquí.

El equipo trabaja intensivamente durante las últimas horas antes de la criogenia. No parece haber daño alguno en la Hermes 2. Finalmente, cada tripulante se coloca en su cámara de criogenia y sus cuerpos quedan congelados. La nave viajará con el piloto automático hasta los confines del universo durante los próximos cinco años.

EJERCICIOS

1. James Evans quiere que la Hermes 2 no .... (tener) problemas.

a) tiene   b) tenga   c) tendrá   d) tuviera

2. ¡Igor, no .... (tocar) ese botón!

a) tocas   b) toqué   c) toques   d) tocando

3. El capitán espera que la nave .... (llegar) a tiempo.

a) llegue   b) llega   c) llegó   d) llegaré

4. No creo que el espacio .... (ser) infinito.

a) ser   b) fue   c) sea   d) es

5. Eric no quiere que Lena .... (estar) triste.

a) esté   b) estés   c) está   d) estaría

6. A Álex no le gusta que Igor .... (ir) con ellos.

a) va   b) vaya   c) iría   d) irá

7. Cuando Eric .... (volver) a la Tierra, verá de nuevo a su familia.

a) vuelve   b) volvió   c) volverá   d) vuelva

8. Ojalá no .... (pasar) nada malo.

a) pasó   b) pasará   c) pase   d) pasa

9. Quizás .... (encontrar) vida alienígena.

a) encuentren   b) encuentran   c) encontrado   d) encontrar

10. Evans quiere que todo .... (salir) bien.

a) sale   b) salió   c) salir   d) salga

Soluciones: 1b, 2c, 3a, 4c, 5a, 6b, 7d, 8c, 9a, 10d.

Silencio. La Hermes 2 parece un ataúd flotante, en su interior no se escucha absolutamente nada. La mayor parte de los sistemas están apagados y el soporte vital funciona al mínimo. Los cinco cuerpos de la tripulación permanecen inmóviles en sus respectivas cámaras.

La nave se acerca a su destino, los sistemas se activan de nuevo y comienza el proceso de descongelación. En cuestión de minutos, los tripulantes se recuperan de su largo letargo. El capitán es el primero en acceder al sistema informático.

—Estamos en el lugar esperado: la última frontera conocida. Oficialmente, somos las personas que más lejos han viajado en la historia.

—Tengo el estómago revuelto —comenta Álex, quien trata de recuperarse de la criogenia—. ¿Cuánto tiempo ha pasado?

Lena es quien responde.

—Exactamente… 5 años, 2 meses y 7 días. Nos hemos retrasado 52 días, qué extraño…

—Es raro, <u>quizás</u> **hiciésemos** mal los cálculos —Eric se acerca a la pantalla—. Voy a activar el programa de detección de fallos. A ver… ¿Hay mensajes de la Tierra? ¡Sí! ¿Queréis verlos?

Todos los tripulantes se abalanzan sobre las diferentes pantallas que hay en la sala y cada uno de ellos ve los mensajes que sus familiares les enviaron años atrás, cuando todavía estaban congelados. Tras unos minutos, Álex empieza a llorar.

—¿Qué pasa, amigo? —Eric se acerca a su compañero—. ¿Todo bien?

—Sí, voy a ser padre… Bueno… no, ya soy padre —las lágrimas de Álex reflejan una emoción y felicidad fuera de lo normal—. Mi mujer se dio cuenta de que estaba embarazada al poco tiempo de empezar la misión. Mi hijo debe tener ya cinco años. <u>Cuando</u> **volvamos**, si es que lo hacemos, ya será casi un adulto. Me voy a perder toda su infancia.

La alegría de Álex se mezcla con algo de tristeza y añoranza. Sus compañeros tratan de animarlo.

Tranquilo, amigo —Lena abraza a Álex por la espalda—. Seguro que tu mujer le habla al pequeño Álex sobre su papá. Mirarán las estrellas juntos y te buscarán en el cielo.

—Estoy deseando verlos.

—**Coman** algo rápido, hay mucho trabajo que hacer —el capitán organiza el trabajo—. Vamos a lanzar sondas en todas direcciones. Lena, **mantenga** el rumbo, por favor.

La tripulación obedece. En pocos minutos se encuentran trabajando a pleno rendimiento, mientras la nave avanza por territorio desconocido. Se escucha la voz de la piloto por megafonía.

—Capitán, <u>necesito que</u> **suba** al puente. Mejor dicho, subid todos.

Sus compañeros obedecen. Al poco tiempo, Lena da explicaciones.

—Mirad el radar, está plagado de objetos metálicos a la deriva.

—¿Basura espacial? —pregunta Igor.

—Eso parece —Eric se acerca más a la pantalla para analizar lo que está viendo—. Pero es imposible, nadie había estado aquí antes. Restos metálicos flotando… no puede ser.

—Lena, **acerque** la nave a uno de esos objetos, pero **mantenga** las distancias —ordena el capitán Evans.

La joven piloto dirige la nave frente a uno de los objetos del radar. Efectivamente, parecen los restos del fuselaje de una nave espacial.

Álex y Eric miran a Igor, el cual se siente intimidado y se defiende.

—<u>No</u> me **miréis** a mí, no sé absolutamente nada de esto. Os puedo garantizar que la agencia espacial rusa no ha diseñado esa nave de ahí fuera. Los conectores de la chapa están en la parte exterior y nosotros jamás haríamos algo así, es una chapuza. Capitán Evans, no creerá usted que esto es cosa de Rusia, ¿no?

—Lo único que parece estar claro es que los objetos han sido expulsados de esa anomalía— el capitán no contesta a la pregunta de Igor, en vez de esto, señala un punto negro en el radar—. Es el epicentro de toda la basura espacial.

Se hace un silencio incómodo que solo Eric se atreve a romper.

—Capitán, ¿<u>hay algo que</u> no nos **haya contado**? El universo es inmenso, hemos navegado durante cinco años, hay millones y millones de lugares a los que podríamos haber ido, pero aquí estamos. Y exactamente en estas mismas coordenadas hay restos de otra nave, ¿qué probabilidades hay?

—Tiene razón, Eric, nada de esto es fortuito —el capitán se sincera con la tripulación—. Hace varios años se detectó una inmensa fuente de energía en esta posición. La Hermes 1 debía alcanzarla y analizarla, pero… bueno, ya sabemos todos lo que pasó. Nuestra misión es estudiar la anomalía.

—Parece que no somos los primeros en llegar, capitán —Eric muestra un tono bastante enfadado—. Y viendo como terminó su nave, <u>no creo que</u> **sea** buena idea aproximarnos más.

—Estamos frente a la fuente de energía más grande del universo, correremos el riesgo —Evans hace un gesto a Lena <u>para que</u> **dirija** la nave hacia la anomalía—. Nos acercaremos con cuidado.

—Es asombroso —Álex mira a través de la ventanilla con la emoción de un niño—. Jamás se había visto algo así en la historia, es como una maquinaria perfecta de armonía y paz.

El gigante Igor responde en un tono burlón.

—Pues a mí me parece más como una tormenta dentro de un huracán que está pensando en machacarnos.

—¿Qué ve en los registros, Eric? —el capitán ignora los comentarios de sus tripulantes y se centra en la misión—. ¿Detecta algún tipo de radiación?

—Negativo, capitán. **Sea lo que sea**, se trata de una fuente de energía sin igual, multiplica su poder a un ritmo impresionante.

El capitán replica.

—Vamos a tomar muestras. Lena, **despliegue** las sondas.

—Capitán, algo va mal —responde Lena mientras se sienten unas fuertes turbulencias en la Hermes 2. La joven piloto trata de mantener firmes los mandos—. No tengo control sobre la nave, la anomalía nos atrae. Es como si **tuviera** una fuerza gravitatoria propia.

—**Abróchense** los cinturones. Modo de emergencia activado. Sellen los compartimentos —Evans trata de salvar la nave—. Piloto, **active** todos los propulsores a máxima potencia.

Lena obedece.

—No funciona.

—¡Más potencia!

—Vamos a quemar los motores. ¡No funciona nada!

La Hermes 2 gira sobre sí misma al tiempo que se aproxima hacia la masa de materia desconocida. La temperatura en el interior de la nave aumenta radicalmente. Cada miembro de la tripulación sufre el momento agónico a su manera: Eric tiembla aterrado de miedo, Álex cierra los ojos e imagina a su mujer con un bebé en los brazos, Igor aprieta los dientes y sujeta con fuerza el asiento <u>como si</u> **estuviera** en una montaña rusa, incluso parece estar disfrutando, Lena, por su parte, trata de recuperar el control de la nave a toda costa. Mientras tanto, el capitán sigue dando órdenes inútilmente.

—¡**Libere** la carga! ¡**Reinicie** el sistema! ¡**Active** los propulsores de hipervelocidad!...

Sus palabras se pierden en el vacío. Una nube de rayos envuelve a la Hermes 2 y varias piezas del fuselaje se desprenden violentamente de la nave. Eric es el primero en perder la conciencia debido a la potente centrifugación, sus compañeros también se desmayan al poco tiempo. La inmensa fuerza gravitatoria de la anomalía aplasta las paredes metálicas y los sensores se desconectan.

Bip… Bip… Bip…

Una luz anaranjada de emergencia es lo único que ilumina el interior de la nave. Poco a poco se empiezan a encender los paneles de control y el soporte vital vuelve a crear una atmósfera respirable en el puente de mando. Lena es la primera en despertarse.

- Aghh, ¿qué ha pasado?

Nadie responde a su pregunta. La piloto se levanta de su asiento notablemente dolorida y mira a través del cristal. La nave viaja a la deriva sin propulsión alguna, gira sobre sí misma y se está alejando de la anomalía. Rápidamente, Lena trata de reanimar a sus compañeros.

—¡Vamos! ¡Despertad!

Igor es el primero en reaccionar.

—Oh, eso ha sido mucho más duro de lo que me esperaba.

—No es momento para bromas. Comprueba si los propulsores han sido dañados, tenemos que recuperar el control de la nave.

El capitán abre los ojos con dificultad. Tras unos segundos, se pone en pie y trata de ayudar a Eric y Álex a recuperarse.

—¿Qué ha sucedido, Lena?

—No lo sé, capitán. Es algo muy extraño, es <u>como si</u> la anomalía nos **hubiera absorbido** para después expulsarnos.

Eric analiza los datos en su ordenador.

—Esto es asombroso, acabamos de abrir un nuevo campo para la investigación científica. Millones de personas estudiarán lo que acabamos de descubrir. Tenemos aquí información que vale su peso en oro.

—Hablaremos de eso <u>cuando</u> **volvamos** a casa, hemos sufrido daños en el casco y esa debe ser ahora nuestra prioridad —el capitán trata de poner orden—. Hay que comprobar todos los sistemas y compartimentos. Igor, ya sabe lo que tiene que hacer.

El ruso afirma con la cabeza y abandona el puente de mando a toda prisa.

—Yo iré al módulo científico para comprobar si todo está en orden —Álex se ofrece voluntario—. Conozco bien esa zona de la nave.

—Muy bien. ¿Igor? ¿Está usted ahí? —el capitán utiliza el comunicador de la nave—. ¿Qué tal el sistema de propulsión?

—<u>Como si</u> no **hubiera pasado** nada —responde el ingeniero gigante ruso—. Auténtica maquinaria soviética, señor. Esto podría aguantar tres guerras nucleares. Nos llevará de vuelta a casa.

—Reiniciando sistemas — dice Lena mientras acciona unas palancas.

De repente, una alarma roja se activa.

—¿Qué está pasando? —pregunta el capitán Evans—. ¿Fallo del sistema?

—Parece un cortocircuito, señor. ¡<u>Maldita **sea**</u>! ¡Fuego!

Lena analiza la señal de alerta.

—Fuego entre el módulo científico y el de energía. La nave podría explotar, señor. Igor y Álex están en esa zona.

—¡Hay un incendio, capitán! El origen no parece estar aquí —Igor grita a través del comunicador—. Se está expandiendo por el techo, trataré de controlarlo.

—Álex, ¿cuál es su situación? —pregunta el capitán Evans.

—No veo nada, pero aquí huele a cables quemados. Sale humo de los paneles de control del módulo, el fuego debe estar tras ellos.

—**¡<u>Apáguelo</u>!**

Eric analiza la situación en silencio y, finalmente, se dirige al capitán.

—Hay que sellar los módulos, <u>no podemos permitir que</u> el fuego **se expanda** al resto de la nave.

—No con ellos dentro —el capitán alza su tono de voz—. Igor, **<u>informe</u>**.

Silencio en el comunicador.

El ingeniero mecánico, tras una intensa lucha contra el fuego, consigue apagar las últimas llamas del módulo de energía.

—Ya lo tengo, capitán. Fuego extinguido en el módulo de energía, voy a ayudar a Álex.

Igor es un auténtico atleta. Con movimientos ágiles, salta por encima de una valla y se dirige hacia el módulo científico.

—Álex, ¿cuál es su situación? **¡<u>Informe</u>!** —Evans trata de contactar con su tripulante desde el puente de mando—. ¡Álex! ¡**Responda**!

Las llamas se han extendido por todo el módulo. El joven astrónomo trata de extinguir inútilmente las llamas que lo han arrinconado contra la escotilla de salida de la nave. Igor llega corriendo hasta la entrada del módulo.

—¡Álex! ¡Sal de ahí!

—¡No puedo!

—¡Salta por encima del fuego!

Las llamas cubren ya la mayor parte del suelo y el oxígeno de la nave se está quemando a gran velocidad. Igor se abre paso desesperadamente a través del fuego, Álex parece no tener escapatoria.

—¡Vuelve! ¡No **te acerques** más! —grita el astrónomo, quien ya ha asumido la gravedad de la situación—. ¡Déjame aquí! ¡Sálvate tú!

—Ni lo pienses.

Igor avanza unos metros más con extrema dificultad. El metal comienza a derretirse, los paneles laterales se desploman y bloquean el paso del ruso.

—¡Sal de aquí! —Álex ya grita de desesperación—. En diez segundos voy a abrir la escotilla de salida y el fuego se extinguirá sin oxígeno. ¡Vete y sella este módulo!

—¡No pienso dejarte morir, estúpido!

—¡Diez! ¡Nueve! ¡Ocho!...

Finalmente, Igor entiende que no hay otra opción y retrocede hacia la salida. El techo metálico se derrite y caen gotas de metal fundido.

—¡Siete! ¡Seis! ¡Cinco! ¡Cuatro!...

—¡No lo **haga**, Álex! —grita Evans por la megafonía—. Tiene que haber otra solución.

Eric, con voz tristona, contesta a su capitán.

—Señor, si el fuego se expande a otros módulos, moriremos todos.

Lena ignora las palabras de su compañero, pues no puede aceptar la idea de perder a Álex. La piloto se levanta de su asiento y sale corriendo para ayudar a su amigo.

—No hay otra opción —dice Álex llorando—. Por favor, decidles a mi mujer y a mi hijo que los quiero. ¡Igor! ¡Cierra la compuerta!

Entre lágrimas, Igor sujeta la pesada puerta metálica.

—¡Tres! ¡Dos! ¡Uno!

Casi al mismo tiempo, Igor cierra la compuerta que sella el módulo científico y Álex abre la escotilla de salida al exterior. El cuerpo del astrónomo sale disparado hacia el espacio, el fuego y el oxígeno del compartimento se escapan con él. Unos segundos después, Lena llega corriendo a la puerta metálica que custodia Igor.

—¡No! ¡No! ¡No!

La joven piloto se abalanza contra la escotilla metálica e Igor la sujeta con sus robustos brazos. Lena llora desesperadamente mirando a través de la ventanilla de la puerta del módulo, ahora vacío.

—Capitán —Igor habla por el comunicador—. **Cierre** la escotilla exterior, el incendio ya es historia. Álex nos ha salvado la vida.

El capitán Evans parece estar conmocionado en el puente, es incapaz de reaccionar. Eric es quien accede a los controles y sella el módulo.

—Ahora tenemos otro problema, señor. Hemos quemado la mayor parte del oxígeno de la nave.

EJERCICIOS

1. Evans quería que Lena .... (acercar) la nave a la anomalía.
a) acercara   b) acerca   c) acercará   d) acercó

2. ¡Alex, no .... (abrir) la escotilla!
a) abres   b) abrirías   c) abras   d) abierto

3. Es posible que otra nave .... (estar) antes en ese lugar.
a) está   b) haya estado   c) ha estado   d) estará

4. No pienso que la anomalía .... (ser) segura.
a) ser   b) fue   c) sea   d) es

5. Cuando .... (tener) energía, encenderemos los motores.
a) tengo   b) tengamos   c) tenemos   d) tuvimos

6. Si .... (poder), Igor habría ayudado a Álex.
a) hubiera podido b) ha podido   c) puede   d) pueda

7. No quiero que .... (haber) más incendios.
a) hay   b) había   c) haya   d) hubo

8. Ojalá .... (ver) pronto a mi familia.
a) veo   b) vea   c) vi   d) veía

9. ¡Señores, ... (comportarse) como adultos!
a) se comportan b) compórtense c) comportando d) comporten

10. No creo que .... (sobrevivir).
a) sobrevivamos b) sobrevivimos c) sobrevivíamos d) sobreviví

Soluciones: 1a, 2c, 3b, 4c, 5b, 6a, 7c, 8b, 9b, 10a.

La Hermes 2 parece una cripta. La muerte de Álex no es más que la punta del iceberg de los problemas a los que se enfrenta ahora la tripulación.

Igor, Eric, Lena y Evans se encuentran en el puente de mando, cada uno en su puesto. Nadie hace nada, los cuatro astronautas parecen estar asimilando que esa será su tumba. La falta de oxígeno es una muerte agónicamente predecible en el espacio.

—<u>Tiene que haber algo que</u> **podamos** hacer —Igor no se da por vencido—. ¿Y si entramos ya mismo en criogenia y despertamos al poco tiempo de aterrizar?

—No despertaríamos nunca —el capitán Evans es quien da la triste noticia a su tripulación—. El sistema de criogenia necesita oxígeno.

—Sí, pero quizás alguien podría encontrarnos…

—¡Silencio! —Lena interrumpe al ingeniero ruso—. Tengo algo en el radar. Parece un objeto metálico… Gigante. Yo diría que es una nave.

—Eso es imposible —Eric es el pesimista del grupo—. Ninguna misión ha llegado tan lejos. Aunque, visto lo visto…

—<u>Sea</u> lo que <u>sea</u>, ahí está —el capitán Evans se carga de energía y dirige a su equipo—. Señorita Lena, <u>no</u> **pierda** de vista esa nave, vamos a interceptarla.

—Sí, señor —contesta la piloto con decisión.

En cuestión de minutos, la Hermes 2 se sitúa frente a la nave desconocida. El asombro de los tripulantes es máximo.

—Parece estar seriamente dañada, capitán —Lena mira a través del cristal—. **Fíjese** en el fuselaje, nunca había visto algo así. Yo diría que es la misma nave de la que se desprendieron las partes metálicas que flotaban antes a la deriva. Por cierto, ya no hay ni rastro de ellas. Han desaparecido.

—¿Qué hace ese pedazo de chatarra aquí? Desde luego, esa cosa no ha sido enviada por la ONU —Eric analiza la situación—. Creo que deberíamos abordarla, _es posible que_ sus reservas de oxígeno nos **permitan** llegar a la Tierra con vida.

—Igor, Eric, **pónganse** sus trajes —ordena Evans— Lena, **acérquese** con cuidado.

La vista desde la ventanilla de la cámara de descompresión es desoladora: una nave hecha pedazos, abierta por la mitad _como si_ **fuera** un libro. Igor acciona la compuerta de la nave y esta se abre.

—Allá vamos.

El ingeniero ruso y Eric recorren la escasa distancia que separa las dos naves utilizando los propulsores de sus trajes.

—Capitán, no sé muy bien qué ha pasado aquí, pero _no creo que_ **quede** nadie con vida a bordo —Eric describe lo que ve—. La nave está partida en dos, una gran grieta recorre todo el casco.

Igor es el primero en entrar en uno de los compartimentos. Varios paneles y objetos de todo tipo flotan en el interior.

—Capitán, nunca había visto una distribución similar. Estoy seguro de que esto no es obra de ninguna agencia espacial conocida.

El ruso se adentra más y más en la nave. Eric, con bastante más cautela, lo sigue de cerca.

—**Busquen** el puente de mando —Evans se comunica desde la Hermes 2—. _Quizás_ allí **encontremos** algo útil.

Eric, tras analizarlo todo con su mente científica, es quien responde.

—Yo diría que estamos en el puente de mando ahora mismo. Sin embargo, no entiendo nada. La nave utiliza una tecnología totalmente diferente a la que conocemos.

—¿Quieres decir…? —Lena pregunta con asombro—. ¿Alienígena?

—No, no, para nada —responde el científico—. No veo pantallas, ni mandos por ninguna parte, no hay nada digital, todo es mecánico. Parece tecnología sacada de la película *Mad Max*.

—Esto no tiene ningún sentido —Igor examina uno de los paneles con varios indicadores—. Ni siquiera estas medidas tienen sentido, es <u>como si</u> **estuviéramos** dentro de una vieja tostadora gigante.

—**Sea** <u>lo que</u> **sea**, no me gusta nada —comenta Eric—. Creo que deberíamos volver a la…

—¡Espera! —Igor manda callar a su compañero—. ¿Has oído eso?

Unos golpes metálicos se escuchan al otro lado de la pared.

Puc, Puc, Puc.

Puc…

Puc…

Puc…

Puc, Puc, Puc.

El sonido se repite una y otra vez.

—Eso es… —Eric piensa durante unos segundos—. ¿Morse?

Igor responde excitado.

—¡Sí! Código Morse, S-O-S. Alguien está pidiendo ayuda. ¡Vamos!

Los dos astronautas se dirigen rápidamente hacia el lugar de donde proviene la señal e Igor examina la pared metálica.

—Tiene que haber alguna entrada —comenta el gigante ruso.

—No en este lado, debe de haber quedado expuesta al exterior. Vamos a tener que salir de la nave para buscar un acceso.

Igor se toma las palabras de su compañero muy en serio, no le falta valor en misiones de rescate. El ingeniero sale de la nave por una brecha y avanza hacia la compuerta. Ve varias microgrietas en la pared exterior del compartimento, lo que significa que si alguien sigue vivo en su interior, es que lleva puesto un traje espacial. Eric, como de costumbre, sigue a su compañero unos metros por detrás.

—Aquí hay una escotilla, voy a abrirla —Igor tira con todas sus fuerzas de la palanca metálica—. ¡Aghh! No puedo. ¡Ayúdame!

Eric llega a la posición de su compañero y juntos tratan de mover el obsoleto sistema de apertura.

—¡No me **aplastes** los dedos! —protesta Igor—. Vamos a hacerlo juntos. A la de tres. Uno… dos… y… ¡Tres!

La palanca metálica cede. La escotilla se abre y los dos hombres entran en el interior de la nave de nuevo. Lena y el capitán, por su parte, escuchan atentamente a través del comunicador.

El compartimento parece un almacén. Está muy oscuro, pero al fondo se puede ver a un hombre tumbado en el suelo dentro de un traje de astronauta amarillento. En su mano sujeta una llave inglesa metálica con la que sigue golpeando la pared, ya casi sin energía. A su alrededor hay varias bombonas de oxígeno utilizadas.

—¡Ayúdame! —grita Igor mientras sujeta al astronauta por un brazo. Su escafandra es como un espejo y no se puede ver el interior del casco ni la cara del superviviente—. ¿Eric?

El científico reacciona. Se había quedado bloqueado imaginando la agonía de la soledad en el espacio. Entre los dos cargan el cuerpo y lo llevan a la Hermes 2.

El capitán y Lena se coordinan a la perfección y esperan con el equipo médico preparado.

Tras una breve descompresión, se abre la escotilla y los tres astronautas acceden a la nave. Igor tumba al recién rescatado con delicadeza y le quita el casco. La sorpresa es igual para los cuatro tripulantes. Sin embargo, es el ruso quien exclama.

—¡No me **jodas**!

—¿Cómo está? —pregunta el capitán pregunta—. ¿Sobrevivirá?

—Yo diría que sí, es un luchador. No quiero ni imaginarme lo que debe haber sufrido —Eric escanea el cuerpo en coma del recién llegado—. Tiene una pierna rota y varios músculos desgarrados, <u>nada</u> <u>que</u> no se **pueda** recuperar. Lo que más me preocupa es que pasó mucho tiempo sin hidratación.

Los cuatro tripulantes observan con detenimiento el cuerpo del astronauta. Sin lugar a duda, es originario de China, país que dejó de tener gobierno propio tras su derrota en la guerra con Rusia.

—Está consumiendo nuestro oxígeno —Igor no oculta su desprecio hacia la nación que le retuvo prisionero durante el conflicto—. Si no nos es de utilidad, deberíamos lanzarlo al espacio.

—¿Pero a ti qué mosca te ha picado? —Lena se enfrenta a su compañero—. A ver si vamos a enviarte a ti a dar un paseo espacial.

—Nadie va a ejecutar a nadie, ahora lo más importante es... —Evans no termina su frase, pues el desconocido abre los ojos y sonríe.

—¡Escúchame! —grita Igor agresivamente—. Vas a decirnos ahora mismo qué estabas haciendo aquí, quién te envía y cómo conectar el oxígeno de tu nave a la nuestra.

—Tú... Esa cara... —el chino reconoce al ruso—. Eres Igor, el demonio de Pekín. Mataste a millones de inocentes con tu bomba.

El mecánico aprieta los dientes y sujeta al chino por los hombros. Por su parte, el capitán hace bien en tomar el control de la situación.

—**¡Apártese**! No estamos en la guerra. Si no se comporta como es debido, no tendré más remedio que confinarle en su camarote. ¿Lo ha entendido, Igor?

—Sí, señor.

El capitán se gira de nuevo hacia el chino.

—**Continúe**, por favor. Nos debe la vida. Una presentación, seguida de algunas explicaciones, estaría más que bien. No **perdamos** el poco tiempo que tenemos.

Parece que Evans ha logrado que **se relaje** el ambiente.

—Mi nombre es Mao Wang. Como podéis imaginar, soy lo único que queda de una misión que pretendía analizar la anomalía energética.

El capitán inicia un interrogatorio en tono amable.

—¿Quién organizó la misión? No creo que **sea** usted un explorador.

—El gobierno chino en la sombra —responde Mao—. Está tratando de reorganizar el país. Al margen de la ONU, por supuesto.

—¿Cuál era su función en la nave, señor Wang?

—Soy científico. Es mi primer viaje espacial y debía tomar muestras de la anomalía, pero esta nos absorbió como si **fuéramos** polvo entrando en una aspiradora. Desperté con la nave hecha pedazos.

—Muy bien. Ahora, le **guste** o no, es usted parte de esta tripulación. Le presento a Lena, nuestra piloto. Él es Eric, científico, como usted. Y... bueno... Ya ha conocido a Igor, el ingeniero mecánico de la nave. Mi nombre es Evans y soy su nuevo capitán. Bienvenido a bordo de la Hermes 2. Como miembro de la tripulación, debe saber, señor Wang, que nos estamos quedando sin oxígeno. **Trabaje** junto al resto de sus compañeros para llevarnos de vuelta a la Tierra.

—Entendido —responde Mao con decisión—. Gracias por la oportunidad, capitán. Mi nave utilizaba un sistema de soporte vital autoregenerativo bastante potente, debería ser eterno. Si no ha sido dañado, podemos intentar instalarlo en su nave, señor.

—Nuestra nave —el capitán Evans corrige a Mao—. **<u>Considérese</u>** un tripulante en pleno derecho de la Hermes 2. Igor, Eric, **<u>recuperen</u>** el sistema de soporte vital de la nave averiada. El señor Wang les dará instrucciones a través del comunicador.

Los dos hombres se visten con sus trajes espaciales y abandonan la Hermes 2 de nuevo. Tras varias horas de trabajo, consiguen el preciado botín. Las tareas de adaptación del nuevo soporte vital son complejas, pero el ingeniero y los dos científicos consiguen hacerlo funcionar. Eric es quien da las buenas noticias.

—Capitán, tenemos oxígeno. ¡Volveremos a la Tierra!

Los tripulantes celebran eufóricamente el logro y se abrazan entre sí. Igor y Mao son los únicos que todavía mantienen las distancias.

El viaje de retorno transcurre sin demasiadas complicaciones. Mao ocupa el lugar de Álex en la cápsula de criogenia. Tras varios años en el más absoluto de los silencios, los tripulantes despiertan de su letargo y recuperan sus tareas.

—¿Todavía no hay contacto? —el capitán, un tanto nervioso, pregunta a Eric—. ¿No hay señal? **<u>Inténtelo</u>** de nuevo.

—Nada, capitán. Silencio total. No hay respuesta de la Tierra. <u>Quizás</u> algo **esté** dañado en la nave. Pero es raro no recibir ninguna alerta.

—La tenemos, señores: la Tierra en pantalla. Ya podéis verla en todo su explendor —informa Lena—. Es hermosa, ¿verdad?

Se respira emoción en el ambiente, pues todos están ansiosos por volver a casa. De repente, Mao rompe la armonía.

—La estación espacial...

—¿Qué pasa? —replica Igor.

—No está...

EJERCICIOS

1. Les sorprende que .... (aparecer) algo en el radar.
a) aparezco   b) aparezca   c) aparecerá   d) aparecer

2. A Igor no le gusta que Mao .... (estar) en la nave.
a) esté   b) está   c) estará   d) estaría

3. Evans quería que Mao .... (hablar) con él.
a) habla   b) hablaría   c) habló   d) hablara

4. ¡Eh, vosotros! ¡No .... (malgastar) el oxígeno!
a) malgastéis   b) malgastes   c) malgastáis   d) malgasta

5. Cuando .... (llegar) a la Tierra, contarán su historia.
a) llegan   b) llegarán   c) llegaron   d) lleguen

6. A Mao le extraña que la estación espacial no .... (estar).
a) esté   b) está   c) estuvo   d) estaría

7. No quiero que vosotros .... (discutir).
a) discutís   b) discutáis   c) discutiríais   d) discutimos

8. Quizás nosotros .... (volver) pronto a casa.
a) volvimos   b) volveremos   c) volvemos   d) volvamos

9. Ojalá .... (saber) eso antes.
a) hubiera sabido b) he sabido   c) sé   d) sabía

10. No creo que él lo .... (conseguir).
a) consiguiera   b) consiguió   c) conseguía   d) consigue

Soluciones: 1b, 2a, 3d, 4a, 5d, 6a, 7b, 8d, 9a, 10a.

—Es cierto, la estación espacial debería estar en órbita, pero ahí no hay nada —contesta Eric notablemente asustado—. Tampoco podemos abrir un canal de comunicación con la Tierra, volamos a ciegas. ¿Qué demonios está pasando?

—Quizás **hayan desmantelado** la estación —Lena busca explicaciones—. Pero con nosotros en el espacio, es algo inverosímil.

Igor, tan sorprendido como el resto, analiza su monitor.

—Es posible que **haya sufrido** un accidente. Aunque tampoco veo satélites de comunicaciones en el radar. Algo extraño está sucediendo.

—**Tranquilícense**. Confiamos plenamente en Lena, pues nos ha traído hasta aquí con vida —el capitán se dirige a la piloto—. ¿Podrá aterrizar esta nave sin ayuda del centro espacial?

—Sí, señor. Estamos solos, a ciegas y el control remoto no está activado, así que tendré que aterrizar en modo manual. Eric, voy a necesitar tu ayuda. Traza una ruta hasta la plataforma del centro espacial de Varsovia.

—Muy bien, ya la tienes.

—Allá vamos. ¡Sujetaos!

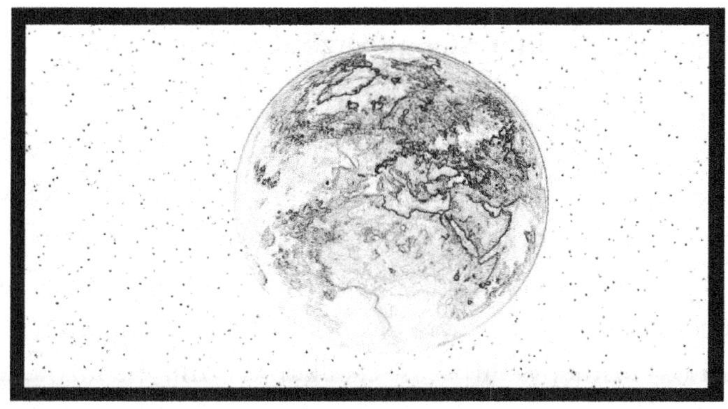

La Hermes 2 se adentra en la atmósfera terrestre y se empiezan a sentir las primeras turbulencias por el descenso. Las nubes se aproximan a toda velocidad.

—Ocho kilómetros y acercándonos —Eric trata de ayudar a su compañera—. Seis kilómetros, cinco, cuatro.

Las nubes se empiezan a disipar y la sorpresa de los tripulantes aumenta. El capitán Evans es el primero en reaccionar al ver la superficie terrestre.

—¿Pero qué...? ¡Arriba!

Lena, con un brusco movimiento, nivela la nave, evitando el descenso sobre una ciudad completamente en ruinas. La Hermes 2 toma altura y avanza de nuevo a través de las nubes, donde las turbulencias aumentan en intensidad. Lena, completamente empapada de sudor, no desiste en sus esfuerzos por mantener la nave en el aire.

—¡Perdemos altitud! Tengo que aterrizar en campo abierto —grita la piloto al tiempo que controla los mandos—. ¡Allí! Parece un prado bastante amplio.

—¿Esta nave tiene tren de aterrizaje? —pregunta Mao en voz baja y notablemente asustado—. Por favor, dime que sí.

Eric es el único que responde.

—<u>Será mejor que</u> **te sujetes** con fuerza al asiento.

—¡Nos vamos a estrellar! —grita Mao.

La Hermes 2 entra en contacto en el césped de un verde prado, rebota bruscamente contra el suelo un par de veces y, finalmente, se arrastra violentamente unos cien metros, dejando tras de sí una estela de destrucción. La nave, fuera de control, se adentra en una zona boscosa. Los primeros árboles estallan en mil pedazos, <u>como si</u>

fueran palillos, pero ayudan a hacer frenar al gigante metálico.

Lena es la primera en recuperarse del impacto, se desprende del cinturón de seguridad y ayuda a sus compañeros. El único herido es Eric, que presenta una pequeña brecha en la frente. Nada importante.

Los tripulantes se apresuran a salir de la nave y respirar aire puro de nuevo. A su alrededor hay una pequeña arboleda, rodeada por un inmenso prado de color verde que ha quedado marcado por el violento aterrizaje.

Todos examinan el paisaje, menos Lena, quien analiza el exterior de la nave.

—¿Qué está pasando? —Igor se levanta de golpe—. ¿Habéis visto la ciudad destruida? ¿Era Varsovia?

Mao contesta en voz baja a las preguntas del ruso.

—Parece que estábamos en lo cierto, la anomalía…

—¡Mirad! —Eric llama la atención de sus compañeros—. Alguien se acerca.

Una pareja de campesinos corre hacia la nave accidentada y los cinco tripulantes salen a recibirlos. El hombre lleva un humilde atuendo clásico de trabajador, el vestido de la mujer no parece mucho más lujoso. El campesino es el primero en saludar, lo hace en ruso.

—¡Oh! ¡Amigos! <u>Espero que</u> no **hayamos causado** problemas con el aterrizaje —Igor saluda emocionado a sus compatriotas—. ¿Dónde nos encontramos exactamente?

El resto de la tripulación entiende las palabras de Igor sin excesivos problemas, pues la comprensión de lenguas mayoritarias se inculca a los niños de escasa edad en las escuelas desde el año 2045. Es una de las medidas que adoptó la ONU para integrar más a las personas en las diferentes culturas del mundo.

—Estamos… En… Besedino… A 25 kilómetros de la ciudad de Kursk —dice el campesino con problemas para pronunciar las palabras—. ¿Quiénes son tus amigos? ¿Son alemanes?

—¿Alemanes? No, claro que no —Igor se acerca a la pareja de campesinos y responde en tono burlón—. Mirad al chino, ¿tiene pinta de ser alemán? ¿Podéis ayudarnos a llegar hasta la ciudad de Kursk? Nuestras comunicaciones están fritas.

El hombre sujeta a su mujer por el brazo y ambos se alejan poco a poco. Parecen aterrados.

—¡Tenéis que iros! ¡<u>No</u> os **acerquéis** a nuestra granja! ¡Demonios del cielo!

El astronauta ruso se extraña y pregunta en voz baja a sus compañeros.

—¿Pero qué le pasa a esta pareja de locos? ¿Así es como tratan a los astronautas?

—Igor —Mao alza la voz—. <u>No creo que</u> esta pareja **sepa** lo que es un astronauta. Deberías preguntarles en qué año estamos.

—Sé que esta pregunta le parecerá extraña —Igor se acerca al campesino lentamente—. ¿En qué año estamos?

—1943 —la respuesta del hombre es bastante contundente—. ¿De dónde venís vosotros? ¿Sois ángeles o demonios?

—¡No me **jodas**! —exclama Mao, que es el único en abrir la boca. Sus compañeros son incapaces de hacerlo—. Hemos viajado en el tiempo. La anomalía es un agujero negro, ¡estábamos en lo cierto!

El chino parece ser el único en alegrarse por lo ocurrido. Los demás siguen boquiabiertos.

—1943... Kursk... Hace calor... Puede que **sea** verano... —el capitán Evans avanza hacia Igor y le susurra—. **Pregúntele** qué día es hoy.

—Hemos viajado en el tiempo más de 100 años, ¿acaso el día le parece importante —protesta Eric—. Un día más, un día menos…

—En Kursk es importante —concluye Evans—. **Hágalo**, Igor.

El ruso obedece a su capitán.

—**Disculpe**, señor. Una cosa más. ¿En qué fecha exacta nos encontramos?

—Hoy es 1 de julio de 1943 —el campesino apenas ha terminado de contestar cuando una avioneta militar sobrevuela el terreno, parece estar en misión de reconocimiento. La pareja corre desesperadamente en dirección a una colina cercana.

—¡Mierda! —exclama Evans.

—¿Qué pasa, señor? —Lena pregunta notablemente preocupada por la reacción de su capitán—. ¿Qué hay de malo en esta fecha?

Evans reúne a la tripulación.

—**Escúchenme** con atención. Hemos aterrizado en el peor lugar del mundo, en el peor momento de la historia. Estamos en plena Segunda Guerra Mundial, rodeados por nazis y soviéticos. Si la memoria no me falla, en tres días empezará la batalla de Kursk, la más grande y terrible de la historia.

—¿Tan horrible fue? —pregunta Lena, quien rápidamente rectifica sus propias palabras—. Bueno, ¿tan horrible será?

—La batalla de Kursk es el principio del fin para los nazis, una gloriosa victoria para el ejército rojo —exclama Igor con orgullo, es incapaz de ocultar su patriotismo—. Estamos en territorio soviético, no hay de qué preocuparse.

—Todo el terreno que vemos se bañará con la sangre de un millón de muertos, no debería llamar a eso una "gloriosa victoria" —Evans levanta la voz para continuar hablando—. Durante las próximas semanas tendrá lugar el mayor enfrentamiento de tanques y aviones de la historia. Habrá constantes bombardeos en toda la región y ambos bandos <u>harán todo lo que</u> **esté** en sus manos para exterminar al enemigo. Debemos abandonar este lugar cuanto antes. ¿En qué estado se encuentra la Hermes 2?

Eric es quien da las malas noticias.

—<u>No creo que</u> **pueda** despegar, capitán. El aterrizaje ha sido brutal, yo diría que hemos destrozado los propulsores de despegue. No podríamos abandonar la atmósfera, <u>aunque</u> **pusiéramos** los propulsores de crucero a máxima potencia.

—Pues tendremos que repararla — replica Evans—. Igor y Lena saldrán de la nave y explorarán el terreno, debemos saber exactamente dónde nos encontramos. Eric, Mao y yo haremos una evaluación exhaustiva de la Hermes 2. ¡Vamos! ¡A trabajar!

Todos obedecen sin cuestionar las palabras de su superior. Mao revisa el exterior de la nave, mientras el capitán y Eric comprueban los sistemas informáticos. Igor y Lena abandonan la nave.

—Ten cuidado, por favor —Eric se despide de su compañera.

—¿A mí no me dices nada? —se burla Igor—. Ya os he dicho que no hay de qué preocuparse, estamos en mi terreno. El líder Stalin nos ayudará a volver a casa.

—Oh, Dios mío —Eric susurra en un tono de voz tan bajo que solo el capitán puede oírlo—. No sé qué le enseñarán a esta gente en las escuelas de su país, pero yo no confiaría mucho en Stalin.

Igor y Lena alcanzan una zona elevada. A lo lejos se ve un pequeño pueblo, hacia allí se dirigen. Otro avión militar sobrevuela la zona. Al llegar al pueblo, se percatan de que son el centro de atención. Los escasos habitantes los miran <u>como si</u> **fueran** alienígenas.

—Hay que encontrar ropa más apropiada para esta época —comenta Lena preocupada—. ¿Qué buscamos exactamente?

—¡Un puesto de mando ruso! —exclama Igor—. Mira, allí hay unos soldados. Ellos nos ayudarán.

—¡No! ¿Qué haces? ¿Estás loco? ¡Detente!

—¡Hola! Soy Igor, ruso, como vosotros. Tengo que hablar con el general al mando en esta zona.

—Nos van a matar — susurra Lena.

—Tranquila, <u>no</u> te **preocupes**. Déjame hablar a mí.

Los soldados se acercan e Igor trata de decir algo. Sin embargo, recibe un fuerte golpe en la cabeza con la parte trasera de un arma que lo deja inconsciente. Lena intenta huir, pero es apresada entre dos soldados. Alguien le cubre la cabeza con un saco.

—Efectivamente, señor —Eric saca la cabeza del compartimento donde estaba realizando las reparaciones—. El propulsor principal de despegue está destrozado.

—¿Qué <u>sugiere que</u> **hagamos**? —pregunta el capitán—. ¿Se puede reparar?

—<u>Dudo que</u> en esta época **dispongan** de la tecnología necesaria para repararlo —responde Eric con tristeza. Tras un breve silencio, el científico comenta con mucho más ánimo—. Aunque… Podríamos intentar una cosa. Estamos en el epicentro de la mayor chatarrería de la historia. En unos días, habrá multitud de tanques y aviones destruidos por toda esta región. <u>Quizás</u> **podamos** aprovechar alguno de sus motores para impulsar la nave hacia el espacio.

El capitán Evans no comparte el entusiasmo de su compañero.

—¿Funcionará?

—Necesitaremos cinco o seis motores, como mínimo. Los cazas de combate utilizan hélices, varias de ellas montadas sobre una plataforma podrían elevar la Hermes 2. Es una nave bastante ligera, <u>quizás</u> **funcione**. Solo <u>necesitamos que</u> las hélices nos **saquen** de la atmósfera.

—Me parece un plan horrible, pero, de momento, es el único que tenemos. **Haga** un diseño del prototipo, tendremos que salir a campo abierto y hacer de chatarreros.

Mao, el nuevo tripulante chino, aparece de repente por una escotilla.

—Todo parece estar bien en ingeniería. Hay que admitir que la piloto es de primer nivel, ha salvado la nave.

—Mao, ¿puedes venir un momento? —Eric se incorpora y continúa con lo que parece ser un interrogatorio policial—. Antes, cuando estábamos hablando con los campesinos, ha sucedido algo curioso: hemos descubierto que habíamos viajado en el tiempo. Todos nos hemos sorprendido. Todos excepto tú. De hecho, incluso te he escuchado decir: "La anomalía, estábamos en lo cierto". ¿Puedes decirnos qué significa esto?

Mao se sienta en una caja metálica y ofrece sus explicaciones ante la atenta mirada del capitán Evans y Eric.

—La agencia espacial china sospechaba que la anomalía podía ser una puerta temporal... Eso es todo.

El interrogatorio de Eric no cesa.

—Dime una cosa más. En vuestra nave no encontré ningún tipo de equipamiento para recoger o analizar muestras de la anomalía, más bien parecía una misión desesperada. ¿Vuestro objetivo era cambiar la historia?

Un incómodo silencio inunda la sala durante unos segundos, hasta que el capitán es quien toma la palabra.

—Señor Mao, puede hablar sin miedo a represalias. Aunque, si prefiere no hacerlo, está en su derecho.

El joven chino decide sincerarse.

—¿Y qué podíamos hacer por nuestro país, sino esto? Rusia nos ha estado humillando y controlando desde la guerra. Y con la globalización de la ONU no ha cambiado nada. Nuestra gran nación fue marginada, pero decidimos no desaparecer sin pelear. La misión de mi nave era volver atrás en el tiempo y advertir al gobierno chino de la guerra contra Rusia. Simplemente se trata de supervivencia. Y ahora, ¿puedo volver a mi trabajo?

—Por supuesto, el tiempo es oro —responde Evans, quien actúa como un hombre comprensivo—. Señor Mao, necesitamos aligerar peso de la nave para el despegue. **<u>Elimine</u>** todo lo que no sea imprescindible.

—Sí, señor.

El chino se aleja a toda prisa para realizar su nueva tarea.

—Capitán, <u>no creo que</u> **debamos** confiar en él.

—Mao está demostrando ser efectivo en su trabajo. Estamos juntos en esto y es parte de la tripulación.

—Nos ha mentido desde el principio, capitán.

—¿A qué se refiere? **<u>Explíquese</u>**.

—Mire esto, señor. Lo tenía en una de sus botas.

Eric saca una pequeña insignia de su bolsillo. En ella se puede apreciar una inscripción en chino sobre una estrella roja y dos fusiles de asalto cruzados.

—Me atrevería a decir que este símbolo es de las fuerzas especiales chinas, <u>no creo que</u> nuestro amigo Mao **sea** un científico.

—Bueno…

El capitán interrumpe su respuesta, pues en el exterior de la nave se escucha el rugido de un motor. Un jeep militar se acerca a gran velocidad y frena de golpe a escasos metros de la Hermes 2. Evans y Eric se miran el uno al otro y salen corriendo hacia la ventanilla más cercana. El capitán es el primero en llegar.

—¡Nazis!

Un grupo de cuatro soldados alemanes trata de forzar la puerta de la nave. Se escuchan golpes y gritos, parecen estar trabajando apresuradamente.

—Rápido, al módulo científico —ordena el capitán al tiempo que empuja a Eric—. No hay otra escapatoria.

Los dos hombres corren por los pasillos de la nave y escuchan que los nazis consiguen abrir la puerta metálica. Sus gritos en alemán hacen eco por toda la nave. Eric y el capitán entran en el módulo científico y cierran la escotilla silenciosamente.

—Este es un territorio controlado por los rusos —Eric trata de analizar la situación—. Los nazis saben que están tras las líneas enemigas. Sin duda, han venido hasta aquí porque nos han visto aterrizar. Saben que no tienen mucho tiempo, en esta zona hay casi dos millones de soldados rusos.

—¿Y qué quiere decir con eso, Eric? —pregunta Evans mientras abre uno de los armarios y busca algo en su interior.

—Que si nos escondemos y sobreviviremos, se irán en unos minutos. <u>No creo que</u> **sean** estúpidos. Saben que si se quedan aquí demasiado tiempo, pueden ser rodeados fácilmente por su enemigo.

—No pienso quedarme a comprobarlo —Evans busca con insistencia, parece incluso desesperado—. No podemos <u>permitirnos que</u> la tecnología que hay en esta nave **caiga** en las manos equivocadas, y los secuaces de Hitler son precisamente las manos menos indicadas.

Eric sabe de sobra lo que su capitán está buscando, también es consciente de que no lo encontrará en ese armario. Duda durante unos segundos y piensa en contarle a Evans lo que hizo con la pistola que encontró, pero finalmente no dice nada.

Se escuchan pasos acercándose y las voces en alemán se vuelven más intensas. Los soldados registran la Hermes 2, sorprendidos por la tecnología de su interior. El capitán se oculta tras el armario, Eric lo hace bajo una mesa. Los pasos se acercan más y más, hasta detenerse justo al otro lado de la puerta metálica.

—¡**Abran** esta puerta! —uno de los alemanes grita a sus compañeros. Eric y Evans entienden perfectamente lo que va a suceder. Ambos tratan de no acelerar su respiración.

Un fuerte sonido metálico indica que la cerradura de la puerta se ha abierto. Tres soldados entran en la sala y registran rápidamente los armarios, no tardan en encontrar al capitán. El soldado alemán que ha abierto el armario se sorprende, Evans aprovecha la ocasión y salta sobre él con decisión. Ambos caen al suelo y forcejean. Otro de los soldados golpea al capitán en la cabeza en repetidas ocasiones.

—¡Basta! ¡Nos rendimos! —grita Eric, quien sale de su escondite con las manos en alto. Habla un alemán bastante decente—. <u>No</u> le **hagáis** daño, os ayudaremos.

Dos soldados apuntan a Eric con sus armas de color negro muerte. Este levanta las manos todavía más, parece realmente asustado.

—Hablas nuestra lengua, pero no eres alemán —uno de los soldados se acerca a Eric—. ¿De dónde eres? ¿De qué país es ese símbolo?

El nazi muestra una carpeta azul. Al igual que muchos otros objetos a bordo de la Hermes 2, la carpeta lleva el logo de la ONU.

—Mi nombre es Eric Dekker y soy holandés. El símbolo que tienes en tus manos representa a la Organización de las Naciones Unidas, una alianza a la cual también pertenece Alemania. Se formará al terminar esta guerra, en el año 1945.

—Eric, ya es suficiente —el capitán trata de hablar con las pocas fuerzas que le quedan, pero uno de los soldados le presiona la cabeza fuertemente con su bota contra el suelo.

—¿Estás diciendo que venís del futuro? ¿Sabéis cuándo y cómo acabará esta guerra? —el nazi se acerca más y más a Eric, hasta que apenas unos centímetros separan sus rostros—. ¿Incluso el resultado de nuestra gran ofensiva contra Kursk?

—Exactamente, y ninguna de las respuestas te va a gustar.

Algo se escucha en el pasillo y el soldado que custodiaba la puerta desaparece súbitamente. Todos se giran y miran hacia donde hace unos segundos estaba su compañero. Uno de ellos se acerca sigilosamente a la puerta.

—¿Hans? —pregunta el soldado alemán.

El nazi apenas tiene tiempo de asomarse a la puerta, pues los brazos de Mao le rodean el cuello y lo inmovilizan. El chino desarma al soldado con facilidad y, utilizando su arma, mata a los dos nazis que quedaban, mostrando una precisión impresionante en sus disparos. Finalmente, empuja al soldado que sujetaba entre sus brazos. Este cae al suelo y levanta las manos en señal de rendición. Mao le apunta con su arma a la cabeza.

—¡Espera! —grita Eric—. <u>Quizás</u> nos **sea** de utilidad, <u>no</u> lo **mates**.

—¡Pum! —La bala impacta en la frente del soldado alemán, que cae muerto al instante.

El sonido del arma hace eco por toda la sala. Un hilo de humo sale por el cañón del subfusil que Mao sujeta con una sola mano.

—Un problema menos del que preocuparnos —Mao se dirige a su compañero Eric—. ¿Me devuelves mi insignia?

Eric, sin decir ni una palabra, saca el símbolo de las fuerzas especiales chinas y se lo entrega a su compañero.

EJERCICIOS

1. Mao no cree que Lena .... (poder) aterrizar la nave.
a) puede   b) podrá   c) pueda   d) podría

2. Evans quiere que entre todos .... (reparar) la Hermes 2.
a) reparen   b) reparan   c) repararon   d) repararan

3. Igor no cree que .... (ir) a tener problemas en Rusia.
a) van   b) irán   c) vayan   d) fueron

4. ¡.............. (rendirse)! ¡Ahora mismo!
a) rindo   b) ríndanse   c) rendirán   d) se rinden

5. Cuando .... (tener) las piezas, repararemos la nave.
a) tendremos   b) tenemos   c) tengo   d) tengamos

6. Necesitaba que me .... (ayudar).
a) ayudes   b) ayudas   c) ayudaras   d) ayudarás

7. No me gusta que .... (leer) mi informe.
a) hayas leído   b) has leído   c) lees   d) leerías

8. Ojalá los nazis no nos .... (encontrar).
a) encuentran   b) encontrarán   c) encuentren   d) encuentro

9. ¡No .... (huir)!
a) huyes   b) huyas   c) huiste   d) huye

10. No creo que él lo .... (saber).
a) sabía   b) sabrá   c) supo   d) supiera

Soluciones: 1c, 2a, 3c, 4b, 5d, 6c, 7a, 8c, 9b, 10d.

Día 4 de julio de 1943: Lena e Igor se encuentran encadenados en un húmedo sótano de un edificio medio en ruinas. La única comida que han recibido durante los dos días que llevan presos son pieles de patatas. Han sufrido una incontable cantidad de interrogatorios monotemáticos, en los que diferentes oficiales soviéticos han tratado de obligarles a confesar que son espías nazis.

Igor se dirige hacia su compañera. Su voz suena débil y ronca.

—Escúchame, Lena. Debes distraer a <u>la próxima persona que</u> **entre** por esa puerta. <u>Cuando</u> **esté** lo suficientemente cerca… Bueno, yo me encargaré de todo.

—¿Encadenado? —la piloto duda del plan de su compañero—. <u>No creo que</u> **funcione**.

La puerta del calabozo se abre. Dos soldados rusos arrastran un cuerpo maltrecho y lo dejan en un rincón oscuro. El nuevo prisionero permanece inmóvil, muy <u>probablemente</u> **haya muerto** o **esté** a punto de hacerlo. Un oficial que todavía no había participado en los interrogatorios entra en el sótano y se acerca a Igor.

—Compatriota, por última vez. ¿Qué hacías junto a una extranjera?

—Tan solo intentamos escapar de la guerra —Igor miente bastante mal—. Es mi esposa.

El oficial saca un cuchillo y lo lanza frente a Lena. Acto seguido, libera a Igor de sus cadenas.

—Sé perfectamente que no es tu esposa. Aprovecha tu última oportunidad. Voy a salir cinco minutos. <u>Cuando</u> **vuelva** a entrar, quiero ver ese cuchillo clavado en el corazón de la espía. Si muestras tu valor, vivirás y te incorporarás hoy mismo a una unidad de infantería. Cada hombre ruso debe tener la oportunidad de luchar por su madre patria. Si vuelvo y la chica sigue con vida, moriréis los dos.

El oficial abandona el calabozo. Igor y Lena han entendido perfectamente sus palabras. La joven piloto se muestra notablemente asustada.

—No estarás pensando en…

—Tengo que hacerlo —Igor responde sin mirarla a los ojos—. No me lo pongas más difícil de lo que ya es.

El ruso se acerca cabizbajo a su compañera, se agacha y toma el cuchillo del suelo.

—Igor, no…

—Todo el mundo debería reírse antes de morir —el ruso utiliza su tono de voz humorístico—. ¿Prefieres el corte estilo cocinero de sushi o barbero loco?

—No tiene gracia, Igor. Mírame a los ojos si tienes valor. <u>No</u> lo **hagas**, por favor.

—Lo siento, Lena.

Igor sujeta el cuchillo con fuerza, levanta la cabeza y mira a su compañera, está aterrada. El ruso le guiña un ojo y salta con energía, no en dirección a ella, sino al cuerpo moribundo que está tumbado en el suelo. Igor sujeta al hombre por la cabeza y le coloca el cuello en la garganta.

—El oficial eres tú, ¿verdad? Tu compañero es un pésimo actor.

—¿Qué? —el hombre parece notablemente sorprendido—. ¿Cómo lo has sabido?

Lena respira aliviada, Igor sonríe y se explica.

—En la escuela de oficiales de la Rusia en la que yo nací, todavía estudiamos esta técnica para los interrogatorios. No lo entenderías, aunque te lo **explicara**…

La puerta se abre. El falso oficial entra en el calabozo acompañado por dos soldados. Igor se esconde tras su escudo humano y grita.

—Quiero que **liberéis** a mi compañera. ¡Ahora!

—Haced lo que os pide —el oficial hace un gesto a sus soldados para que suelten a Lena. Estos obedecen sin rechistar. A continuación, se dirige a Igor—. ¿Puedo preguntarte cómo pensáis escapar de aquí? Cuando **salgáis**, os encontraréis con miles de soldados a los que no les importa si yo vivo o muero. Jamás conseguiréis huir.

—Algo improvisaré —Igor sonríe diabólicamente—. Si no me equivoco, vais a tener una gran fiesta en breve.

Pasan unos segundos incómodos en los que Igor sonríe, parece estar esperando algo. De repente se escucha un fuerte silbido que concluye con una gran explosión. El sonido se repite una y otra vez. Los alemanes han iniciado el ataque. Las paredes del calabozo tiemblan.

—¿A qué estáis esperando? —el oficial ruso da órdenes a sus hombres—. Corred a luchar por vuestra madre patria.

Los soldados abandonan el calabozo a toda prisa. Igor empuja al oficial hacia la salida y Lena los sigue de cerca.

Al abrir la puerta que da al exterior, pueden contemplar la destrucción causada por el bombardeo. Varios tanques y edificios se encuentran en llamas. Soldados rusos huyen en todas direcciones, el pánico se ha apoderado del lugar. Un hombre corre tratando de ponerse a cubierto, sus últimas palabras antes de explotar en mil pedazos son un intenso grito. Unas palabras que causan terror entre los soviéticos.

—¡Stuka! ¡Stuka! ¡Stuka!

—La aviación alemana bombardea con intensidad. Es nuestra oportunidad, ahora o nunca —Igor señala en dirección a un vehículo blindado—. Lena, ¿crees que podrías pilotarlo?

—Ni lo dudes. Siempre he querido ver lo que se siente a bordo de un tanque. ¿Qué hacemos con él? —Lena mira al oficial ruso que Igor todavía sujeta entre sus brazos—. <u>Es posible que</u> nos **sea** de utilidad.

—Viene con nosotros —Igor observa al cielo y continúa—. <u>Cuando</u> los aviones alemanes **se acerquen** de nuevo, correremos hacia el tanque.

Lena sonríe.

—Un plan suicida, me encanta.

En pocos segundos comienza el siguiente bombardeo. Esta vez los cañones antiaéreos de los rusos logran derribar algunos aviones, el sonido de las explosiones es atronador. Lena es la primera en salir corriendo. Igor la sigue, empujando al oficial ruso en dirección al tanque. Un soldado soviético los ve desde su escondite bajo una montaña de escombros. Sabe que son los prisioneros, sin embargo, está tan aterrado que no se atreve a salir de su refugio.

—¡Sí! ¡Esto es lo mío! —grita Lena mientras se sienta a los mandos del tanque—. El sistema es anticuado, pero me las apañaré.

Igor obliga al oficial ruso a sentarse junto a él en la zona del artillero.

—¿A qué estás esperando? ¡Sácanos de aquí, Lena!

Se escucha el fuerte rugido del motor y el tanque avanza sus primeros metros. La joven piloto no parece tener problemas con los mandos. Igor, por su parte, trata de entender el funcionamiento del arma principal del vehículo.

—Mis hombres se están preparando para contraatacar —el oficial ruso señala a un grupo de blindados—. Avanzan hacia el enemigo en formación. <u>Cuando</u> **se den** cuenta de que no respetáis la formación, sospecharán de vosotros, pensarán que sois desertores y os atacarán.

—¡Lena! ¡Escúchame! —grita Igor a su compañera—. Tienes que seguir a esa columna de tanques, haz <u>como si</u> **fueras** en formación con ellos.

—¡Entendido!

El vehículo capturado se une a la ofensiva soviética. Cientos de tanques avanzan hacia el enemigo.

—<u>No</u> os **salgáis** de la ruta, toda esta zona está llena de minas antitanque —el oficial ruso capturado comienza a temer por su vida—. <u>Espero que</u> tu amiga no nos **mate**.

—Tranquilo, Lena sabe lo que hace. Es la mejor piloto de naves espaciales que conozco.

—¿Naves espaciales? ¿Qué es eso?

—Nada, olvídalo —concluye Igor.

Se escuchan los primeros disparos de la artillería enemiga. A lo lejos se ve una interminable fila de tanques alemanes disparando sin descanso. Varios vehículos soviéticos explotan o quedan inutilizados.

—¡Lena! Nos estás llevando de frente hacia la muerte —comenta Igor aterrado—. ¿Por qué los nuestros no disparan? Estamos avanzando hacia ellos y explotando como tontos.

El oficial ruso responde con una inquietante calma.

—Los tanques alemanes tienen mayor alcance que los nuestros.

Algo metálico golpea con fuerza el tanque. El sonido es tremendo.

—Quizás **haya sido** alguna parte que ha salido disparada de otro vehículo destruido —comenta el oficial ruso con tranquilidad.

Un fuerte silbido se escucha. Una nube de fuego arrasa con el tanque que estaba a escasos metros de ellos.

—¿Y cómo demonios pensáis ganar esta batalla? —Igor ya parece desesperado—. Nos están machacando.

—Ellos disparan primero, pero nosotros somos más —responde el oficial al tiempo que sonríe.

Se empiezan a escuchar los primeros disparos del bando soviético y la batalla se vuelve salvaje. El rugido de los motores y las explosiones inundan el lugar.

—¡Igor! ¡Dispara! —grita Lena mientras trata de desviar el tanque y alejarlo de la batalla—. Esos dos tanques de arriba de la colina, tienes que acabar con ellos. Nos están cortando el camino.

Igor toma los mandos del cañón y apunta hacia la colina.

—¡No! —el oficial ruso lo detiene—. Tienen mejor posición que nosotros. Si disparas desde aquí, es imposible que los **destruyas**. Contraatacarán y volaremos en pedazos. Hay que acercarse más.

Igor acepta el consejo sin ocultar su rabia. Mientras tanto, Lena continúa maniobrando con el tanque hacia la colina.

—¿Pero qué hacéis ahí arriba? —la piloto grita inútilmente, pues nadie la escucha—. ¡Disparad!

—Espera… Un poco más… Hasta que se vean las ruedas… —el oficial da instrucciones a Igor—. Apunta al lateral. ¡Ahora! ¡Fuego!

Igor obedece. El cañón retumba y el proyectil sale a toda velocidad en dirección a la colina. Se ve una explosión a lo lejos, sin embargo, el tanque nazi sigue intacto.

—Tienen un blindaje demasiado grueso —el oficial ruso da las malas noticias—. No conseguiremos atravesarlo con nuestros proyectiles.

—¿Y qué podemos hacer? —pregunta Igor desesperado.

—Huir.

Los dos tanques de la colina giran sus cañones y apuntan hacia el vehículo que pilota Lena. Los primeros disparos pasan rozando la parte superior del tanque.

—¡Casi nos dan! ¡No **dejes** de disparar! —grita la piloto a su compañero, al tiempo que maniobra con habilidad el vehículo blindado.

—Vamos a morir. ¿Tienes familia? Yo la perdí en Stalingrado, pronto me reuniré con ellos —el oficial ruso se vuelve pesimista—. No creo que **consigamos** atravesar el blindaje de uno de sus tanques, y mucho menos de dos.

—¡Silencio! ¡No me **distraigas**! —Igor apunta de nuevo y abre fuego, pero los tanques alemanes continúan intactos.

—¡No **pares**! ¡Sigue! —Lena anima a su compañero.

Igor carga de nuevo el arma, respira profundamente y dispara. Esta vez el proyectil impacta en el cañón de uno de los tanques enemigos. El vehículo sigue en pie, pero su arma principal ha sido inutilizada. Lena exclama emocionada.

—¡Sí! ¡Vamos!

El otro tanque nazi apunta con su cañón. Está demasiado cerca como para fallar e Igor no tiene tiempo de recargar el arma.

—Se acabó… —el oficial ruso cierra los ojos y se prepara para lo inevitable.

—¡Bum!

Se escucha una potente explosión en la colina.

Contra todo pronóstico, siguen con vida. El oficial ruso abre los ojos para observar la humareda que se divisa en lo alto de la colina. El tanque alemán ha volado en pedazos. Unos aviones bombarderos rusos han entrado en acción y les han salvado la vida.

—¡Ahhhhhh! ¡Vamos, Lena! —Igor grita de alegría. Acto seguido, abraza a su compatriota y le abre la escotilla para ofrecerle su libertad—. Sal de aquí, vuelve con tus compañeros.

—Gracias —el oficial no pierde ni un segundo e intenta salir del tanque.

—Espera, camarada —Igor lo detiene por un momento y le susurra al oído—. Mañana los nazis atacarán a las 08:00, bombardead sus posiciones justo a esa hora.

El capitán Evans, Mao y Eric reparan una brecha en el casco al tiempo que escuchan el atronador sonido de la batalla. Varias columnas de humo negro decoran el horizonte.

—No pude evitarlo, señor —dice Eric al capitán Evans—. Cuando estábamos en el espacio, antes de entrar en la anomalía, escuché el mensaje que le había enviado su familia. Solo quiero decirle que me alegro mucho.

—Gracias, Eric. **Siga** con su trabajo.

El científico no obedece, sino que continúa hablando.

—La fortaleza de su padre es increíble, capitán. Cuando hizo pública su enfermedad, muchos pensamos que no sería capaz de continuar dirigiendo la ONU, pero nos sorprendió y consiguió la unión de todos los países del mundo. <u>Me alegro mucho de que</u> **pudiera** superar la enfermedad.

—Ahora tenemos problemas más importantes de los que preocuparnos, Eric. Hablaremos <u>cuando</u> **estemos** de camino a casa.

—¿No ha pensado, señor, que <u>quizás</u> esta **sea** ahora nuestra nueva casa? —Eric se entristece—. <u>Es posible que</u> nunca **volvamos** a ver a las personas que conocimos. No puedo evitar pensar en el pobre Álex, murió sin conocer a su hijo. Creo que deberíamos aprovechar nuestro viaje al pasado y tratar de hacer un mundo mejor, cambiar la historia. Podríamos darle al Álex del futuro una segunda oportunidad.

—Nuestra misión es volver a casa e informar sobre la anomalía. Así lo haremos.

La respuesta del capitán no termina de convencer a Eric, quien se aleja unos metros y ayuda a Mao con una placa metálica.

—¿Siempre ha sido igual? —pregunta el chino con curiosidad—. Me refiero al capitán. Es serio, efectivo, concreto… Casi <u>como si</u> **fuera** un robot. Parece haber sido entrenado en la mismísima Esparta.

—Su familia es una de las más importantes de…

La respuesta de Eric se ve interrumpida por un comentario de Mao.

—Conozco perfectamente la historia de su familia.

—Pues bien, el capitán Evans desde pequeño fue entrenado para ser un líder. No es su culpa, jamás tuvo infancia. Álex y yo éramos lo más parecido a unos amigos que tenía, ahora uno está muerto y yo apenas le reconozco.

—Qué triste —Mao acciona una palanca y sonríe al ver que funciona la energía en un panel—. ¿De verdad crees que esta nave podrá despegar? Está destrozada.

—La esperanza es lo último que se pierde, amigo —el tono de voz de Eric es mucho más amigable que de costumbre—. Dime una cosa, ¿por qué China querría enviar soldados a viajar a través del tiempo? Vuestra misión era cambiar la historia, ¿no?

—Tú lo has dicho antes —Mao sonríe de nuevo—. Estando aquí podemos hacer un mundo mejor. Rusia nos traicionó y atacó sin previo aviso. Mi gran nación milenaria dejó de existir. ¿Tú no harías todo lo posible para ayudar a los tuyos a sobrevivir?

Eric reflexiona durante unos segundos y responde con seriedad.

—<u>Será mejor que</u> no **hagas** ninguna tontería, Mao.

Se escucha un fuerte rugido en el exterior y la nave se tambalea. Los tres tripulantes dejan su trabajo y corren hacia una ventana.

—¡Un tanque! Es de los rusos. —exclama Mao—. Nos han encontrado. Se está acercando. ¡Hay que hacer algo!

—**Mantengan** la calma, les atacaremos por sorpresa cuando entren en la nave —el capitán organiza la defensa—. **Prepárense**.

—<u>No creo que</u> **quieran** entrar, señor —las palabras de Eric denotan preocupación—. Nos están apuntando con su cañón.

Efectivamente, el arma del tanque apunta directamente a la Hermes 2. Durante unos segundos se mantiene una calma inquietante.

—¡Buuum!

El sonido atronador provoca un efecto reflejo en los tres tripulantes, quienes cierran los ojos automáticamente y protegen sus cabezas con sus brazos. Al abrir los ojos, ven el tanque medio destruido y echando humo negro, parece haber sido impactado por un proyectil. A sus espaldas aparece otro tanque, también soviético.

—¡Sí! —grita Lena desde el interior del tanque—. ¡Le hemos dado! Buen disparo, Igor.

—Gracias —el ruso sonríe orgulloso.

—Hay uno vivo, creo que es el piloto. ¡Está escapando! —Lena grita a su compañero—. ¡Allí! ¿No lo ves? Está corriendo. ¡Dispara!

Un soldado ruso que ha salido del tanque destruido se retira a toda velocidad hacia su base.

—No, Lena. Ya han muerto demasiados compatriotas hoy.

El tanque avanza hacia la Hermes 2, Igor abre la escotilla superior y saluda efusivamente. El capitán, Eric y Mao salen a recibirlos.

—Qué alegría volver a verles —saluda el capitán—. ¿Con estos dos motores de tanque podríamos intentar despegar, Eric?

—Estaría bien tener uno más —responde el científico.

—Sé perfectamente dónde conseguirlo —Igor guiña un ojo.

—Por desgracia no tenemos nada mejor —el capitán Evans expone el plan de acción a su tripulación—. Esperaremos a que **anochezca** e iremos al campo de batalla, allí buscaremos un motor en buen estado.

Nadie dice nada, todos parecen estar analizando el plan en sus mentes. Saben que es muy arriesgado, pero quizás **sea** su única oportunidad de volver a su época.

—Las posibilidades de que **consigamos** hacer despegar la nave son mínimas —Eric se pone en pie para hablar—. A eso habría que añadirle el tema de la anomalía. No tenemos ninguna seguridad de que nos **devuelva** a nuestro tiempo. Podríamos acabar en la prehistoria o con la nave hecha pedazos, como Mao.

El chino responde a su compañero.

—Nuestros científicos aseguraban que la anomalía es una puerta entre estas dos épocas, un pliegue en el espacio.

—¡Son solo teorías! —Eric alza la voz, parece desesperado.

Un fuerte sonido de motor pasa por encima de la Hermes 2. En el cielo, un bombardero alemán parece seriamente dañado y está perdiendo altura, uno de sus motores echa humo negro. El avión se estrella a menos de un kilómetro de distancia de la nave.

—El piloto ha salvado el avión, estoy segura —explica Lena emocionada—. Ha aterrizado bastante bien, teniendo en cuenta su situación. No creo que **haya sobrevivido**, pero es posible que uno de sus motores **siga** intacto. Es nuestra oportunidad.

El capitán no lo duda ni un segundo y organiza a su tripulación.

—Muy bien, cambio de planes. Mao y Eric se quedarán en la Hermes

2 y prepararán el despegue. Igor, Lena y yo iremos a por el motor.

—¿Qué <u>quiere que</u> **hagamos**, señor? —pregunta Eric con cara de no tenerlo todo muy claro. – La zona donde se ha estrellado el avión se llenará de soldados curiosos, no tardarán en llegar hasta aquí y encontrar la Hermes 2.

Evans da sus últimas indicaciones al tiempo que coge una de las armas de los soldados alemanes.

—**<u>Vacíen</u>** la nave, debe ser ligera para despegar. **Saquen** fuera <u>todo</u> <u>lo que</u> no **sea** estrictamente necesario y **quémenlo**. **Prepárense** para el despegue. Igor, **<u>coja</u>** sus herramientas, nos vamos de aquí.

Igor, Lena y el capitán se dirigen hacia el lugar del accidente a toda velocidad.

—Me está empezando a gustar bastante esto de conducir vehículos viejos —comenta la piloto mientras sonríe. Se siente cómoda al mando del jeep que los nazis dejaron junto a la nave—. ¡Ahí está! Como os había dicho, el piloto salvó la mayor parte del avión.

El bombardero está medio destruido, pero en relativamente buen estado para haber caído del cielo. Igor corre hacia uno de los motores y se pone a desmontarlo.

—¡Este servirá, señor!

—¡Tenemos compañía! ¡Igor, **<u>dese</u>** prisa! —grita el capitán Evans al ver varias patrullas de nazis acercándose a la zona—. Lena, **<u>acerque</u>** el jeep al bombardero, **<u>aparque</u>** bajo el ala.

La piloto obedece y Evans dispara a los soldados nazis, frenando su avance. Igor, por su parte, desmonta el motor a toda prisa.

—¡Los tenemos encima! —grita Lena desesperada—. Son demasiados. ¡Hay que salir de aquí!

—¡Igor! ¿Cómo va? —Evans dispara y recarga su arma a toda velocidad.

—Ya casi está… —responde el ruso, que mira por un momento hacia el horizonte y se asusta al ver a más de un centenar de soldados alemanes corriendo hacia su posición—. ¡Ya lo tengo! ¡Mierda! Se ha atascado. No puedo sacarlo.

—Suficiente, nos largamos de aquí —el capitán salta al asiento del copiloto del jeep—. ¡Vamos, Igor!

Los nazis están a escasos metros e Igor continúa en el ala del avión estrellado. Varios disparos rompen el cristal del jeep. Por suerte para Lena y el capitán, habían agachado sus cabezas unos segundos antes.

—¡No hay tiempo, Igor! ¡Nos vamos!

El ruso, en un último intento desesperado, da una fuerte patada al motor del avión. Este se suelta del ala y cae sobre la parte trasera del jeep. Igor sonríe y salta sobre el jeep. Acto seguido, Lena acelera y salen a toda prisa de la zona del accidente. Los soldados alemanes no dejan de disparar.

—¿Nos siguen? —pregunta Evans.

—No… —contesta Igor relajado, pero en menos de un segundo cambia de opinión—. ¡Sí! ¡Maldición! Dos jeeps, detrás de nosotros. ¡Acelera, Lena!

Las balas de los nazis pasan rozando sus cabezas. El capitán Evans responde al fuego al tiempo que grita.

—Me estoy quedando sin munición. ¡Último cargador!

Evans, Lena e Igor apenas pueden levantar la cabeza, pues los nazis disparan sin dar tregua. En un intento heroico, el capitán malgasta sus últimas balas, tratando de disparar a las ruedas de sus perseguidores. No acierta ni un disparo.

Los jeeps alemanes continúan con la persecución.

—No podemos llevarlos hasta la Hermes 2. Lena, **cambie** de rumbo.

—Demasiado tarde, capitán. ¡Ahí está!

La nave parece estar reluciente, Eric y Mao han apartado los troncos de los árboles que habían caído sobre la Hermes 2 durante el aterrizaje. El chino está dejando unos pesados paneles fuera de la nave. Primero ve una nube de polvo en el horizonte y, al poco tiempo, los tres jeeps acercándose a toda velocidad. Mao entra en la nave rápidamente para avisar a su compañero.

—Lena, vamos demasiado rápido —Igor trata de alarmar a su compañera—. Creo que deberías frenar antes de…

El ruso no tiene tiempo de terminar su frase, pues Lena gira el volante con fuerza y el jeep derrapa bruscamente, quedando perfectamente aparcado frente a la nave.

—No tengo munición —dice Evans mientras esconde su cabeza para protegerla de los disparos enemigos.

Los nazis se acercan rápidamente sin dejar de disparar al jeep. Lena, Igor y Evans se agachan lo máximo que pueden para evitar que las balas les **vuelen** las cabezas. De pronto, un suave silbido y una ráfaga de luz salen de la Hermes 2. Uno de los vehículos alemanes explota instantáneamente. Un nuevo silbido, una nueva ráfaga de luz y el otro jeep vuela por los aires. Eric sujeta en su mano la pistola del capitán que había encontrado con Álex y escondido en otro lugar de la nave.

—Así que la tenía usted, Eric —el capitán sale del vehículo y se acerca a su compañero—. <u>Me alegra que</u> **haya decidido** utilizarla, nos ha salvado.

—¡Más nazis! —Igor señala a un centenar de soldados que se acercan corriendo a la Hermes 2.

—Subid a bordo y preparad el despegue, yo me encargo de los alemanes —Eric sale corriendo al encuentro de los enemigos. Por primera vez en su vida, se siente cargado de valor gracias al arma de gran potencia que sujeta en su mano.

Sus compañeros obedecen. Entre Igor y el capitán conectan el motor a unos propulsores improvisados que se encuentran en la base de la nave. Lena corre hacia su puesto de piloto.

—¿Qué está pasando? —Mao se encuentra con Lena, quien apenas tiene tiempo de responderle.

—Nos vamos de aquí.

Eric se refugia detrás de una roca y comienza a disparar. Los soldados nazis se ven sorprendidos por las explosiones que produce el arma del futuro del futuro. Con cada disparo de Eric, varios alemanes saltan por los aires. Aun así, los nazis están cada vez más cerca, son demasiados.

—Ya está conectado —Igor termina de acoplar el motor.

—**<u>Actívelo</u>**. Hay que salir de este lugar —Evans da sus órdenes.

—<u>Cuando</u> lo **encienda**, no habrá marcha atrás.

—**¡Hágalo!** ¡Ahora! —el capitán no espera a la respuesta de Igor y aprieta él mismo el botón de arranque. Acto seguido, se dirige hacia el científico, que continúa disparando—. ¡Eric! ¡Nos vamos!

Los motores empiezan a vibrar antes de lo esperado y se calientan rápidamente. Demasiado rápido.

—No hay tiempo, señor —Igor empuja al capitán al interior de la nave.

—¡Eric! ¡¡¡Eric!!! —grita Evans con todas sus fuerzas—. ¡¡¡¡¡Eric!!!!!

El científico sigue disparando sin prestar atención a lo que está pasando detrás de él. Se siente poderoso enfrentándose en solitario a un pelotón de soldados nazis.

—¡Eric! **¡<u>Vuelva</u>** a la nave! —el capitán ya parece desesperado.

Se escucha un fuerte rugido, acompañado de tres explosiones. Los motores debajo de la Hermes 2 se activan y empujan la nave con fuerza hacia el cielo. Eric se gira y mira fijamente a los ojos del capitán Evans, que se eleva en el aire junto a la nave. Es lo último que ve, pues una bala de un soldado alemán atraviesa su pecho. El científico cae al suelo con los brazos abiertos y un charco de sangre aparece bajo su cuerpo. La Hermes 2 asciende más y más.

—¡¡Noooooooooooooooo!!! —es lo único que Evans puede exclamar <u>antes de que</u> Igor **cierre** la puerta metálica de la nave.

EJERCICIOS

1. Los rusos quieren que Igor y Lena .... (confesar).
a) confiese　　　b) confiesen　　　c) confiesan　　　d) confiesa

2. Espero que ellos .... (conseguir) volver a la Hermes 2.
a) consigan　　　b) consiguen　　　c) conseguirán　　　d) consiga

3. ¡No .... (disparar)!
a) disparas　　　b) dispararías　　　c) disparó　　　d) dispares

4. Señor, ... (mirar) lo que tengo para usted.
a) mira　　　b) mire　　　c) miró　　　d) mirarás

5. No quería que esto .... (suceder).
a) sucedió　　　b) sucediera　　　c) sucederá　　　d) sucede

6. Necesitaba que .... (ir). ¿Por qué no lo hiciste?
a) fueras　　　b) vayas　　　c) irás　　　d) ibas

7. Cuando .... (recuperar) el motor, podrán despegar.
a) recuperarán　　　b) recuperan　　　c) recuperen　　　d) recupero

8. Es posible que .... (luchar) contra los nazis.
a) luchen　　　b) luchan　　　c) luchaban　　　d) lucho

9. ¡No .... (ir) solo!
a) vas　　　b) irías　　　c) ibas　　　d) vayas

10. Evans no quiere que Eric .... (morir).
a) morirá　　　b) murió　　　c) muera　　　d) muere

Soluciones: 1b, 2a, 3d, 4b, 5b, 6a, 7c, 8a, 9d, 10c.

—¡Sí! ¡Lo logramos! ¡Salimos de la atmósfera! <u>No me puedo creer que</u> **haya funcionado** —Lena grita de alegría al tiempo que salta y se gira hacia sus compañeros—. ¿Qué pasa? ¿A qué vienen esas caras? ¿Dónde está Eric?

Nadie responde y Lena entiende que algo le ha pasado a su amigo.

—Hay que volver y buscarlo —la piloto se sienta rápidamente en su puesto y toma los mandos de la nave.

—Lena, Eric está muerto —Evans posa su mano sobre el hombro de su compañera—. Lo vi con mis propios ojos. **<u>Ponga</u>** rumbo a la anomalía.

La voz del capitán suena menos contundente que de costumbre, aun así, la piloto obedece.

—De nuevo vagando por el espacio —Mao se acerca a una ventanilla y observa el universo con nostalgia.

Pasan los primeros días del viaje de regreso y la tripulación hace los preparativos para el periodo de criogenia. La rutina del trabajo mantiene entretenidos a los cuatro astronautas. Evans, Lena y Mao se encuentran en el puente de mando, cada uno pendiente de sus pantallas, nadie habla con nadie. Igor aparece de repente en la sala de mando, está sudando y en su mano sujeta una caja de herramientas.

—Capitán, <u>puede que</u> **tengamos** un problema: había una pequeña fuga de combustible, apenas visible, creo que causada por esto —el ruso saca de su bolsillo una bala y se la muestra a todos—. Uno de los disparos perforó el tanque de combustible, <u>no creo que</u> **haya** suficiente como para volver a casa.

—Lena, **<u>haga</u>** los cálculos —dice Evans, quien organiza a su tripulación tratando de ocultar sus sentimientos. <u>No quiere que</u> la muerte de su amigo **afecte** a la misión—. Igor, **compruebe** los tanques de combustible.

—Ya está hecho, señor —responde el mecánico secándose el sudor de la frente con una toalla ennegrecida por la grasa del motor.

—Escuchad —Lena alza la voz—. Tengo una noticia mala y otra peor, ¿cuál queréis escuchar primero?

Nadie contesta.

—Pues… la mala es que hemos perdido demasiado combustible. No tenemos ni para llegar hasta la anomalía.

—¿Y la peor? —Igor es el único que se atreve a preguntar.

—Pues la peor es que tampoco podemos volver a la Tierra. Hemos frito el escudo térmico de la nave. <u>Si **volviésemos**</u> a entrar en la atmósfera, <u>nos cocinaríamos</u> en menos de cinco segundos.

—Así que esta será nuestra tumba. Un sarcófago volador metálico. Hermes… aquel que guía a los muertos hacia el inframundo. Álex tenía razón —Igor observa las estrellas—. Propongo desconectar el soporte vital y relajarnos… Disfrutar de nuestros últimos días.

—¡Jamás! <u>No</u> se **dé** por vencido tan fácilmente, Igor —el capitán, ahora sí, muestra su contundencia—. Mao, su nave tenía un escudo térmico compatible con la Hermes 2, ¿no es así?

—Efectivamente —responde el chino. Una luz de esperanza ilumina su rostro—. Podemos instalar el escudo térmico en esta nave.

Igor es ahora el pesimista.

—Debo recordar que no tenemos suficiente combustible para llegar hasta la anomalía.

—Lena, **corríjame** si me equivoco —Evans habla con seguridad al tiempo que realiza cálculos mentales—. Podríamos utilizar la órbita de Júpiter para impulsar la nave. Después, deberíamos hacer lo mismo aprovechando la atmósfera del planeta… Epsilon Eridani. Haciendo esta maniobra sucesivamente, ahorraríamos combustible.

Lena piensa unos segundos y responde.

—Sí, podría funcionar. Sin embargo, es imposible programar esta ruta con el piloto automático. Habría que volar en modo manual, sin criogenia…

—Es mi responsabilidad —Evans expone el plan—. Ustedes se congelarán, siguiendo el protocolo habitual. Yo me encargaré de la Hermes 2.

—Capitán, creo que soy yo quien debería pilotar la…

Lena no puede terminar su frase, pues el capitán la interrumpe.

—De eso nada, ustedes son mi tripulación. Si alguien debe sacrificarse, ese soy yo. Además, sé perfectamente cómo pilotar este trasto.

Las dudas y preocupaciones flotan en el ambiente. Nadie se atreve a romper el incómodo silencio. Finalmente, Mao, Igor y Lena aceptan las últimas órdenes de su capitán y se preparan para la criogenia.

—Señor, <u>cuando</u> **esté** entrando en la órbita de Júpiter, recuerde que debe activar los retropropulsores —la joven piloto da sus indicaciones con nerviosismo—. Y para salir de la atmósfera sin gastar demasiado combustible, utilice los alerones traseros.

—Tranquila, Lena. Todo irá bien —Evans se despide de su tripulación—. Nos veremos dentro de unos años. <u>Cuando</u> **despierten**, <u>quizás</u> **tenga** alguna cana más.

Igor le dedica una última sonrisa a su capitán y accede a su cápsula de criogenia. Lena y Mao lo imitan.

Solo, completamente solo. La tripulación de la nave hace ya semanas que se encuentra en criogenia y Evans muestra sus primeros síntomas de debilidad. El capitán se sienta en el frío suelo de la Hermes 2 y empieza a recordar su viaje en voz alta.

—Si no le **hubiera ordenado** a Lena <u>que</u> se **acercara** a la anomalía, nada de esto <u>habría pasado</u>.

Evans golpea con rabia la pared.

—¡Álex y Eric seguirían vivos!

Tras varios puñetazos, una mancha roja aparece en la pared metálica de la nave. El puño de Evans está sangrando, no parece importarle.

Es la soledad: días y días sin que nadie se interese por su persona, el silencio aterrador del espacio, mirar por la ventanilla y no ver más que el infinito. El capitán no puede evitar sentir comparaciones con su niñez. Sus padres querían prepararlo para un futuro prodigioso, pero en vez de eso, lo aislaron de los otros niños y le privaron de su infancia. El trabajo y la rutina diaria le habían permitido olvidarla, pero de nuevo estaba ahí. La soledad es como un veneno amargo que va matando poco a poco.

—Tiempo estimado hasta el destino: treinta minutos —la voz robótica de la Hermes 2 avisa de la proximidad del planeta Júpiter.

Evans ignora los primeros avisos de seguridad. No reduce la velocidad y las turbulencias empiezan a incrementar su intensidad. La nave no tardará en descomponerse. Evans parece estar sumergido en otra dimensión.

—El deber ante todo, hijo —el capitán se repite a sí mismo las palabras que su padre solía decirle—. <u>Cuando</u> **ocupes** mi lugar, deberás tomar decisiones difíciles, con frialdad.

Soñando, pero despierto, así es como se encuentra Evans. Su vida pasa ante sus ojos: aburridos cumpleaños rodeado de sus padres, políticos y oficiales del ejército, sus clases particulares en casa, su perro enfermo al que su padre le obligó a sacrificar <u>para que</u> **aprendiera** que a veces se debe optar por el mal menor…

—Quince minutos para el destino, velocidad de aproximación excesiva —la voz repetitiva de la alarma de la nave se pierde en el vacío—. Catorce minutos para el destino, velocidad de aproximación excesiva.

Evans recuerda su entrenamiento en la academia militar, siempre un paso por delante de sus compañeros. Recapitula los preparativos para la misión Hermes 1, nadie podía predecir lo que iba a pasar. Recuerda su frustración al no ser aceptado como miembro de la tripulación. El día del despegue todos estaban felices, menos él. Recuerda al padre de Lena, el piloto de la misión Hermes 1, despidiéndose de su pequeña hija.

—"Lena, el papá volverá. Mientras tanto, <u>no</u> **dejes** tus estudios y cuida de tu madre" —el capitán recuerda las lágrimas de la pequeña Lena y cómo su padre trataba de consolarla—. "Mira, este chico se llama Evans, es mi amigo. Él te ayudará con <u>todo lo que</u> **necesites** <u>mientras</u> el papá no **esté**".

—Así lo haré, cuidaré de Lena —Evans repite en voz alta la frase con la que se despidió del padre de la muchacha—. Cuidaré de Lena.

La voz robótica de la Hermes 2 suena de nuevo por megafonía.

—Cinco minutos para destino, velocidad de entrada a la atmósfera excesiva, impacto inminente.

Evans, ahora sí, reacciona. Se levanta de un salto, corre hacia el asiento del piloto y reduce la velocidad bruscamente. Sin embargo, es demasiado tarde. La Hermes 2 está atrapada en la atmósfera del planeta y cae en picado a toda velocidad.

A través de la ventanilla solo se puede ver fuego. El capitán trata de redirigir la nave y consigue estabilizarla momentáneamente. La luz radiante de Júpiter ciega a Evans, que comienza a pilotar siguiendo sus instintos.

Las turbulencias se vuelven incontrolables. El capitán gira la nave bruscamente y esta empieza a dar vueltas sobre sí misma. La Hermes 2 gira más y más rápido. Poco a poco, la fuerza gravitatoria de la atmósfera del planeta se reduce.

Con una mezcla de habilidad y suerte, la Hermes 2 bordea el planeta gaseoso y sale catapultada de su atmósfera a gran velocidad.

El capitán respira aliviado, lo ha conseguido: la nave avanza a una velocidad récord sin apenas utilizar combustible. Su éxito lo motiva lo suficiente como para afrontar el resto del viaje velando por la seguridad de sus compañeros.

Tan solo le quedan dos años y medio de soledad.

Evans limpia la nave a conciencia para la ocasión, también se afeita y asea con detenimiento. A continuación, se dirige hacia la sala de criogenia y observa que, poco a poco, los miembros de la tripulación van despertando.

—¡Lo ha conseguido, señor! —grita Lena emocionada, sin poder evitar abrazar con fuerza a su capitán—. ¿Dónde nos encontramos exactamente?

—En inmejorable posición, señorita Lena —Evans responde con una sonrisa de oreja a oreja—. He anclado la Hermes 2 a la antigua nave de Mao, y la anomalía se encuentra a escasos kilómetros de nosotros.

Igor estira sus músculos y golpea la espalda del chino con complicidad.

—Capitán, ¿quiere que nos **preparemos** para abordar la nave de Mao y rellenar nuestros depósitos de combustible?

—También hay que hacer algunas reparaciones, pero todo a su tiempo. Llevan en letargo más de tres años y, si el reloj de la nave no se ha vuelto loco, hoy es 24 de diciembre. **Tómense** un merecido descanso —Evans no oculta su felicidad—. He preparado la cena, no **dejen** que se enfríe.

La tripulación disfruta de un par de horas de relax. El capitán goza como un niño al volver a estar rodeado por los suyos, mira a Lena bromeando con Igor y no puede evitar sentir ese amor fraternal que se respira en Navidad. Tras la cena, todos se ponen a trabajar con una efectividad implacable. Las tareas de reparación duran poco más de una semana.

—Con esto ya hemos terminado, la nave está lista —Igor da las buenas noticias—. Mao y yo hemos adaptado el motor de la Hermes 2 al nuevo combustible, ahora disponemos de una energía prácticamente infinita. Es increíble lo que inventan estos chinos.

—Me da miedo la durabilidad de su tecnología. No quiero recordarte cómo acabó la nave de Mao al cruzar la anomalía —Lena toma asiento—. Abrochaos los cinturones, allá vamos.

Evans posa su brazo sobre el hombro de la piloto.

—Esta vez <u>dejaré que</u> usted **aproxime** la nave a la anomalía <u>como</u> **crea** conveniente, no le daré indicaciones.

—Gracias, capitán —Lena activa los motores.

La anomalía se agranda a medida que se acercan a ella. La gran tormenta espacial inspira una mezcla de asombro, respeto y terror. Lena desactiva los motores y la nave planea con suavidad en dirección a su objetivo. Se empiezan a sentir las primeras turbulencias.

Mao es el que está más nervioso de todos. El chino aprieta sus manos contra su cabeza, intentando ahuyentar los recuerdos de su primer viaje a través del tiempo.

La nave se aproxima suavemente. Lena opta por no dirigirse en línea recta hacia la fuente de energía, sino por ir rodeándola y <u>dejando que</u> la fuerza gravitatoria los **atraiga** de forma menos violenta que la última vez. En cuestión de segundos son absorbidos por la anomalía y desaparecen del universo por un instante.

—¡Ha funcionado! ¡Estamos vivos! —Mao no termina de creerse lo sucedido—. Ni siquiera me he desmayado.

Todos se ríen al mismo tiempo.

—Buen trabajo, Lena —el capitán se levanta—. Ahora, por favor, <u>**llévenos**</u> de vuelta a casa.

—**Espere**, señor. Tengo una alarma en pantalla —Igor interrumpe a Evans—. Algo va mal en el módulo de criogenia. ¡Fuego!

Todos los tripulantes se levantan de inmediato y corren a toda prisa hacia el incendio. Al abrir la compuerta, una gran nube de humo los ciega por completo.

—¿Dónde están las llamas? —Mao sujeta un extintor en sus manos y no sabe hacia dónde dirigirlo—. No puedo ver nada.

La sala está completamente llena de humo, sin embargo, parece imposible detectar el origen del fuego.

—Estará oculto tras algún panel —Evans saca a los suyos de la sala y rápidamente—. No hay compuerta exterior. Debemos expulsar el módulo antes de que el incendio **se extienda** al resto de la nave.

—Volveremos hasta la Tierra sin letargo, será duro —Mao duda durante unos segundos—. Y no tendremos provisiones para el viaje.

—¡Es lo que hay que hacer! —grita Igor sin dejar lugar a duda. Acto seguido, acciona el mecanismo de eyección y el módulo de criogenia sale disparado hacia el espacio infinito.

Los cuatro tripulantes observan con atención a través de la ventanilla, todos esperan una explosión espectacular que no llega.

—Hay que volver a por él —Mao trata de convencer a sus compañeros—. Podemos reenganchar el módulo a la nave, Lena lo pescará. Quizás el incendio se **haya extinguido** ya.

—¡Bum! —Igor pone voz al sonido mudo del espacio. A lo lejos se divisa una bola de fuego donde antes estaba el módulo científico.

Se hace un silencio casi eterno que solo Evans se atreve a romper.

—Muy estúpidos eran ustedes si pensaban que esto iba a ser fácil. ¡Todos a sus puestos! ¡**Volvamos** a la Tierra! Va a ser un largo viaje.

EJERCICIOS

1. El padre de Lena le pidió a Evans que la............... (cuidar).
a) cuida   b) cuidará   c) cuidó   d) cuidase

2. Lena no se puede creer que Eric .... (morir).
a) ha muerto   b) haya muerto   c) moriría   d) moría

3. ¡No lo .... (hacer)! Es peligroso.
a) haz   b) hacías   c) hagas   d) haces

4. Evans quiere que su tripulación se .... (congelar).
a) congela   b) congelará   c) congelara   d) congele

5. Cuando .... (llegar) a nuestro destino, os avisaré.
a) lleguemos   b) llegamos   c) hemos llegado   d) llego

6. Lena no quería que el capitán .... (pilotar) la nave solo.
a) pilota   b) pilotaría   c) pilotara   d) pilotó

7. No estarán a salvo hasta que no .... (extinguir) el fuego.
a) extingan   b) extinguen   c) extinguieron   d) extingo

8. El capitán quizás .... (sentirse) solo a bordo de la nave.
a) ha sentido   b) se sienta   c) se sentiría   d) siente

9. ¡No quiero que lo .... (reparar) sin ayuda!
a) repares   b) reparas   c) repararás   d) repara

10. Evans no cree que volver a la Tierra .... (ser) fácil.
a) fue   b) será   c) sea   d) es

Soluciones: 1d, 2b, 3c, 4d, 5a, 6c, 7a, 8b, 9a, 10c.

Los problemas por el racionamiento de alimentos no empezaron a aparecer hasta pasar el primer año, cuando algunas porciones de comida desaparecieron. La instalación de cámaras de seguridad en la despensa solventó el contratiempo, sin embargo, las acusaciones cruzadas acabaron con el buen humor y el ambiente se volvió frío y distante a bordo de la Hermes 2. Los años pasaron y los problemas se agravaron, como si el instinto de supervivencia **hiciera** olvidar el aprecio que se tiene por otras personas.

Todo se solucionó al ver la Tierra de nuevo en las pantallas de la nave.

—Ahí está, el planeta azul —Mao sonríe—. Tan hermoso como siempre. No creo que **haya** mejor sensación que esta en la vida.

—Según la posición de las estrellas, debemos de encontrarnos en algún momento entre el año 2050 y 2055 —el capitán analiza sus datos—. Eso significa que la Hermes 1 todavía no ha partido.

Lena prácticamente llora de emoción.

—Eso quiere decir que… que mi padre todavía vive.

—Eso espero, pero no **nos precipitemos** —Evans interrumpe a su compañera—. Aterrizaremos en Cabo Cañaveral.

La Hermes 2 se aproxima a la atmósfera terrestre.

—No quiero ser de nuevo el pesimista, pero… —Mao hace una breve pausa y continúa—. Sigue sin haber ni rastro de la estación espacial.

—Nos preocuparemos de eso más adelante —el capitán se abrocha el cinturón de seguridad—. Esperemos que el nuevo escudo térmico de la nave **aguante** la entrada en la atmósfera.

—<u>No</u> **se preocupe**, capitán. Es tecnología china, de la más alta calidad.

—¡Oh, Dios mío! Ahora sí que estoy angustiada. Podrías no habernos recordado eso, Mao —comenta Lena.

Todos se ríen por la broma de la piloto. Todos excepto Mao. Por unos instantes, el ambiente a bordo de la nave se vuelve más amigable. Pero la tensión y el estrés no tardan en regresar.

Lena dirige la nave suavemente hacia la superficie terrestre y, para asombro de todos, lo hace sin demasiados problemas.

—En unos pocos segundos deberíamos salir de las nubes y ver la costa de Florida —la piloto se dirige hacia sus compañeros—. Ya salimos… ¡Dios santo! ¿Qué es eso?

—Parece que el océano se ha comido buena parte del territorio estadounidense. **<u>Continúe</u>** a esta altura, Lena —el capitán Evans no sale de su asombro—. **<u>Sobrevuele</u>** la superficie en busca de tierra firme.

Florida ha desaparecido, en su lugar hay unos gigantescos cráteres inundados por el agua del océano. El estado de Luisiana parece haber corrido la misma suerte, no hay ni rastro de la civilización. La Hermes 2 continúa volando en dirección oeste.

—Deberíamos estar entrando en Texas, pero aquí no hay más que agua —Lena reduce la velocidad al mínimo y mira asombrada el paisaje desolador de la Tierra—. <u>No creo que</u> aquí **haya habido** vida humana en décadas.

—¡Mirad allí! Parece que se eleva el terreno. Son montañas, y una de ellas tiene una gran abertura con un río —Mao señala en dirección oeste—. ¡Una ciudad tras la montaña!

El capitán sonríe aliviado y da sus órdenes.

—Debemos ser precavidos. Lena, **aterrice** en la cima de la montaña. <u>Espero que</u> no nos **hayan detectado**.

La Hermes 2 se posa de nuevo sobre la Tierra, esta vez con bastante más suavidad. Se encuentran en lo alto de una escarpada montaña, las vistas son increíbles. Una gran cordillera se extiende cientos de kilómetros, separando la zona norte totalmente inundada y desoladora de la zona sur, donde los edificios llegan hasta el horizonte. Un agujero en la montaña permite al agua circular hacia el sur, formando un río que separa la ciudad en dos. Varios globos aerostáticos sobrevuelan el núcleo urbano.

—¿Dónde demonios estamos? —pregunta Igor extrañado—. Jamás había visto algo así.

—Según las coordenadas del aterrizaje, esto debería ser la ciudad de El Paso —contesta Lena—. Pero es inmensa, aquí podría haber más de cien millones de personas.

—¿Os habéis fijado en la nube de humo gris que cubre todo? —Mao señala hacia el horizonte—. Debe ser la contaminación, <u>no creo que</u> la esperanza de vida de este lugar **sea** muy alta.

—¿Y esos globos? —Igor habla sorprendido—. Es extraño, habrá cientos de ellos, parecen estar patrullando la ciudad.

—**Sea** lo que **sea**, esto no es la ciudad de El Paso que conocimos en nuestra época. No deberíamos bajar aún —Evans trata de organizar a su tripulación—. ¿Y si **hubiera habido** una guerra y nos **consideraran** enemigos? No estableceremos contacto hasta que **sepamos** con seguridad en qué tipo de mundo nos encontramos.

—Demasiado tarde, señor —Igor interrumpe a su capitán—. Alguien nos ha encontrado ya.

Efectivamente, un hombre que podría tener entre cincuenta y ochenta años se dirige hacia ellos. Parece una persona humilde. El desconocido camina lentamente hacia la nave acompañado por un perro que cojea casi tanto como él.

—Buenos días, mi nombre es Gonzalo —dice el hombre en español con un fuerte acento mexicano. Acto seguido, señala hacia la Hermes 2 y continúa hablando—. Bonito trasto tenéis. <u>Será mejor que</u> no se lo **enseñéis** a la policía, podríais acabar en la prisión por terrorismo. Porque… no sois terroristas, ¿verdad?

—Para nada, señor. Soy el capitán Evans y ellos son lo que queda de mi tripulación: Igor, Lena y Mao. Hemos hecho un largo viaje, estamos perdidos y necesitamos información.

—Igor… Mao… —el mexicano piensa durante unos segundos y se acerca un poco más—. No son nombres reglamentarios, y por vuestros rasgos… ¿Chino? ¿Ruso? Definitivamente, <u>no os recomiendo que</u> **habléis** con la policía.

—¿Por qué? —pregunta Igor—. ¿Qué pasa? ¿No os gustan los extranjeros?

Gonzalo sonríe y pasa su brazo por encima del hombro de Igor en señal de complicidad.

—Todo lo contrario, amo a los extranjeros, hacía ya mucho tiempo que no veía a uno —Gonzalo abraza a Igor amistosamente y el ruso puede sentir el fuerte olor del hombre—. Debéis de estar cansados. Vamos a mi casa, allí podremos hablar tranquilamente. Tengo un aguardiente casero que os dejará como nuevos.

La tripulación se mira entre sí y, finalmente, acepta la oferta del mexicano. Caminando durante unos veinte minutos, llegan a una cueva convertida en casa, sin demasiados lujos, pero muy acogedora.

—Bienvenidos a mi casa. Mi familia vive aquí desde hace cientos de años. Sentaos en el sofá, vuelvo enseguida.

Gonzalo aparece de nuevo en el salón pasados unos minutos. En sus manos lleva una botella con algún tipo de líquido transparente, tres vasos de cristal y dos tazas de cerámica.

—Tendréis que perdonarme —se disculpa Gonzalo—. No tengo una vajilla muy completa, no estoy acostumbrado a tener visitas. Si os quedáis un tiempo, conseguiré algún vaso más.

El mexicano sirve el aguardiente y se lo ofrece a sus invitados. Gonzalo es un hombre entrañable, parece una persona humilde y de confianza. Su aspecto descuidado es el reflejo de una vida de trabajo en el campo.

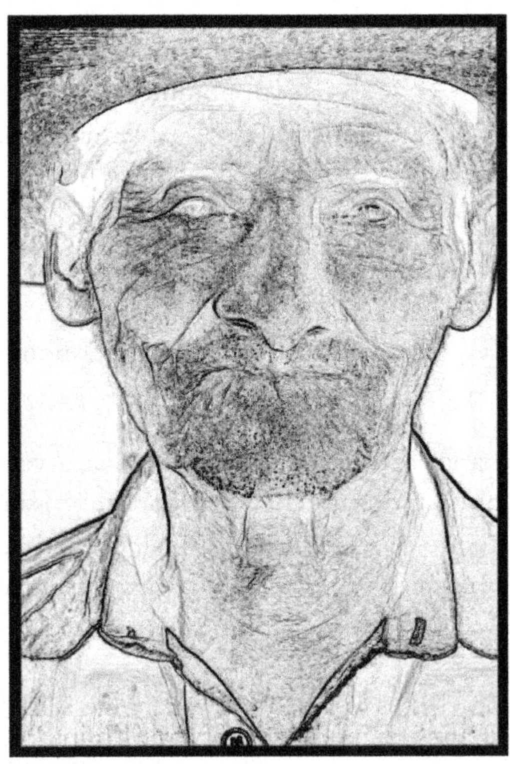

Igor es el primero en levantar su vaso para brindar.

—¡Salud!

—Salud… Mmm… —Gonzalo duda unos segundos y, finalmente, levanta su vaso—. <u>No creo que</u> **tenga** que hacer con vosotros el brindis oficial. ¡Salud!

—¿El brindis oficial? —pregunta Lena interesada.

—Sí que estáis perdidos, sí. La verdad es que nunca me ha gustado, pero hay que hacerlo. Brindar por la salud de un Führer muerto hace más de cincuenta años me parece ridículo, pero las normas son las normas, ¿qué le voy a hacer?

—¿Has dicho un Führer? —Lena no sale de su asombro—. ¿No estarás hablando de Hitler?

—¿De quién sino iba a hablar? Estáis realmente en otro mundo. ¿Habéis pasado toda vuestra vida en una cueva o qué?

—Gonzalo, <u>es posible que</u> esto le **parezca** extraño, pero nos gustaría saber qué ha pasado en el mundo en los últimos cien años —Evans deja su vaso sobre la mesa—. Concretamente desde el periodo de la Segunda Guerra Mundial.

Gonzalo parece extrañado.

—¿La Segunda Guerra Mundial? Imagino que te refieres a la Gran Guerra por la Libertad entre los años 1939 y 1965. Tengo algo que os vendrá muy bien.

El mexicano se levanta con dificultad y busca en una antigua estantería hasta que encuentra un libro de gran tamaño titulado "La Gran Guerra por la Libertad". Los tripulantes se agrupan para ojear con atención el ejemplar, Evans pasa las páginas al tiempo que comenta.

—Parece que la guerra duró 20 años más de lo normal y finalmente fueron los nazis quienes la ganaron. Aquí aparece todo, la rendición de Inglaterra, la segunda invasión de Rusia…

—¡Oh, no! —Lena se lleva las manos a la cabeza—. ¡Mirad esta foto! Erik Dekker, el científico que revolucionó la guerra, el creador de la bomba atómica. ¡Es nuestro Erik!

—Traidor… —Igor aprieta los dientes en señal de rabia.

—¿Lo conocéis? No, es imposible que lo **conozcáis**, Erik murió hace muchos años, antes de que **nacierais**. Bueno… diría que tú sí que naciste por aquella época —Gonzalo mira al capitán Evans, quien parece varios años mayor que el resto—. Erik Dekker es un héroe mundial, hay estatuas suyas por todas partes. Al acabar la guerra fue nombrado gobernador de lo que quedaba de América.

Nadie contesta a la pregunta del mexicano, todos parecen estar embobados con el libro de historia. Gonzalo llama su atención.

—Tiene más de mil páginas, permitidme que os **haga** un resumen. El científico ese, Erik, cambió el curso de la guerra. El ejército nazi estaba retirándose, pero ese hombre inventó un armamento revolucionario que hizo imparable a los alemanes. Europa, Asia y África se rindieron casi al mismo tiempo. Estados Unidos resistió unos cuantos años más, pero mirad cómo ha acabado.

—Cuando veníamos hacia aquí vimos que no había más que cráteres y agua —relata Lena—. Es como si **hubiera habido** una lluvia de asteroides gigantes.

—Una lluvia de bombas atómicas —Gonzalo corrige a la piloto—. En concreto, 2728 explosiones que borraron del mapa a los Estados Unidos. Lo que antes se llamaba Canadá, ahora es una pequeña isla inhóspita donde apenas vive gente.

—No puedo creer que Erik **hiciera** esto… —Evans está totalmente consternado—. ¿Qué pasa con Igor y Mao? Usted se ha extrañado al ver a un chino y a un ruso juntos.

—Juntos o separados, da igual, es raro verlos. A los de vuestra raza antes se os alababa por la resistencia feroz que ofrecíais frente al régimen nazi, ahora se os persigue y caza. Mucho me temo que formáis parte de una especie en peligro de extinción. Bueno, se está haciendo tarde. Yo dormiré arriba, vosotros quedaos en el salón.

EJERCICIOS

1. Tal vez, en esta realidad, el padre de Lena .... (vivir).
a) va a vivir   b) vivía   c) vivirá   d) viva

2. Es raro que la estación espacial no .... (estar).
a) estará   b) esté   c) está   d) estuvo

3. Cuando .... (aterrizar) buscarán a sus familias.
a) aterriza   b) aterrizarán   c) aterricen   d) aterrizan

4. Gonzalo quiere que .... (beber) aguardiente con él.
a) bebería   b) beberán   c) beban   d) beben

5. ¡Qué extraño! Es como si .... (ir) sin tener cuidado.
a) hubieran ido   b) irán   c) han ido   d) iban

6. Evans no quería que les .... (descubrir).
a) descubrieron   b) descubrieran   c) descubrirán   d) descubren

7. No creo que ellos .... (estar) en un lugar seguro.
a) estén   b) están   c) estuvieron   d) estarían

8. Si Erik no .... (crear) la bomba los nazis habrían perdido.
a) hubiera creado b) ha creado   c) creó   d) cree

9. A Gonzalo no le gusta que se .... (brindar) así.
a) brinde   b) brinda   c) brindará   d) brindaron

10. A él le sorprende que los EEUU .... (perder) la guerra.
a) perdieron   b) han perdido   c) perdieran   d) pierde

Soluciones: 1d, 2b, 3c, 4c, 5a, 6b, 7a, 8a, 9a, 10c.

Los primeros rayos del sol entran por las ventanas del salón. Gonzalo hace ya tiempo que se ha levantado y se encuentra labrando los abruptos terrenos que hay alrededor de su casa. Al ver que sus huéspedes se han despertado, vuelve con algunas verduras frescas.

—Hoy vamos a desayunar sopa de ajo, <u>espero que</u> os **guste**.

—Muchas gracias, pero no tiene por qué molestarse —dice Evans—. Podemos salir a buscar comida por nuestra cuenta.

—<u>No</u> **seáis** tontos, que vais por la vida más perdidos que un pez en el desierto —Gonzalo deja de bromear y, acto seguido, señala a Igor y Mao—. Además, a vosotros dos <u>no os recomiendo que</u> **paseéis** por ahí. La policía primero dispara y después pregunta.

—De eso mismo queríamos hablar con usted, señor —Igor se dirige hacia el capitán—. Anoche Mao y yo tuvimos una larga charla y decidimos volver al espacio. <u>No podemos pediros que</u> **vayáis** con nosotros, pero tampoco queríamos irnos sin despedirnos. <u>Esperamos que</u> nos **entendáis**.

—¿Al espacio? ¿Otra vez? —a Lena no parece gustarle la idea de su compañero—. Hacía años que no olía las verduras frescas, ni veía el azul del cielo.

—Entiendo su necesidad, caballeros —el capitán Evans es la voz de la razón—. Para Lena y para mí, el viaje espacial ha terminado, pero <u>es comprensible que</u> no **quieran** ser cazados como ratas en este mundo. La Hermes 2 es suya.

—Gracias, señor —Mao le da un fuerte apretón de manos al capitán—. Ha sido un placer servir a sus órdenes.

—Lena, echaré de menos nuestras aventuras, especialmente sobre tanques y jeeps —el gigante Igor es quien, contra todo pronóstico, se pone a llorar con más intensidad—. Ven aquí, dame un abrazo.

—<u>No</u> **os vayáis**, intentaremos arreglar todo esto —Lena trata de convencer a sus compañeros—. Seguro que hay alguna forma de…

—Por favor, <u>no</u> **trates** de convencernos. Ya tomamos la decisión anoche —Igor se seca las lágrimas y se recompone—. Simplemente, queríamos despedirnos.

—¿Y qué haréis? ¿Adónde iréis? —la piloto se preocupa por el futuro de sus amigos—. Ni siquiera sabéis si podréis pilotar la Hermes 2.

—Hay muchas cosas que no sabes de mí, Lena —Igor le guiña un ojo a su compañera—. Fui entrenado para pilotar naves mucho más grandes que esta. Nos las apañaremos, <u>no</u> **os preocupéis**.

- ¿Pero adónde iréis? —pregunta Lena de nuevo.

Igor y Mao callan durante unos segundos. Finalmente, el chino es quien responde.

—Vamos a volar de nuevo hacia la anomalía. Lo que ocurrirá después, todavía no está escrito.

—**Hagan** lo que **crean** conveniente, caballeros —replica Evans—. Pero, **<u>pase lo que pase</u>**, **sean** responsables. Ya conocen las consecuencias de viajar en el tiempo.

—No deberíais tener problemas para despegar, las mejoras que hicimos en el motor han triplicado su potencia —Lena no logra tranquilizarse—. Pero… ¿Y si os interceptan saliendo del planeta?

—Yo no me preocuparía por eso, querida —Igor trata de ocultar su miedo haciéndose el duro—. Creo que la guerra fue tan larga en esta realidad que no han desarrollado todavía la tecnología espacial, <u>de ahí que</u> no **viéramos** ni rastro de una estación espacial o satélites.

Gonzalo escucha atentamente sin entender ni la mitad de lo que oye. Los tripulantes de la nave se despiden de nuevo y abandonan la casa. Un par de horas después se ve una ráfaga de luz volando hacia la atmósfera, Igor y Mao han abandonado el planeta.

—No sé muy bien quiénes sois ni de dónde venís, pero parecéis buena gente, de la que quiere ayudar a cambiar las cosas, y de eso necesitamos mucho aquí —Gonzalo sirve un poco de té a sus invitados—. Desde hace unos meses hay revueltas en la ciudad. La gente se ha cansado de comer las sobras de los de nazis.

La historia de Gonzalo consigue captar la atención de Evans.

—¿Quién organiza esas revueltas?

—La resistencia.

—¿Y cuál es su objetivo? —Lena se interesa también—. ¿Pretenden iniciar una nueva guerra a escala mundial?

—Para nada, pero ser una colonia del régimen nazi es vivir como esclavos —Gonzalo se sincera—. Yo antes trabajaba en la ciudad, tenía familia e hijos… Ahora todo lo que me queda es esta vieja casa de mi abuelo. Vivir alejado de todo o sufrir, es la única elección que tenemos en este mundo. La resistencia nos da esperanzas, <u>quizás</u> la creación de un nuevo estado independiente **mejore** nuestras vidas.

—Entiendo su estrategia, pretenden ser un grano en el culo, un problema para ellos —Evans bebe un sorbo de té—. Pero lamento decir que no funcionará. Si la ciudad se vuelve ingobernable, la bombardearán. Jamás os dejarán en libertad.

—Hay mucha esperanza en nuestros corazones, deberías verlo por ti mismo.

—¿Cómo?

—Vamos a bajar a la ciudad.

Evans, Lena y Gonzalo descienden hacia la inmensa ciudad que se encuentra a los pies de la montaña.

—¿Por qué tengo que llevar esto en la cabeza? —Lena se queja del vestuario que Gonzalo ha elegido para ella—. Parezco una abuela.

—Y así debe ser, estamos tratando de evitar problemas. Eres una mujer atractiva y <u>no queremos que</u> alguno de los guardias se **encapriche** de ti —Gonzalo indica el camino a seguir—. Créeme, sé de qué hablo. Ya estamos llegando, entraremos por la puerta norte, que es la más transitada.

Los tres caminantes se acercan a un gigantesco arco metálico. Miles de personas pasan por debajo de la gran estructura de la que cuelga una bandera con la esvástica nazi. Varios guardias armados hacen controles a los mercaderes que acceden a la ciudad.

—Actuad con normalidad —Gonzalo se apoya en el hombro de Evans—. Es mejor parecer agricultores pobres.

Miles de transeúntes entran y salen de la ciudad por aquel punto. La tranquilidad del campo desaparece, en su lugar se aprecian el alboroto, el ruido y el hedor de la metrópolis.

—Estamos entrando en el sector norte 1, un barrio de clase media tirando a baja —Gonzalo guía a sus compañeros a través de las sucias calles de una ciudad que parece superpoblada—. Aquí hay varios mercados donde los agricultores venden sus productos.

—¿Qué está pasando ahí? —Lena señala hacia un puesto de hortalizas donde una pareja de ancianos suplica a los guardias que no les quiten sus productos—. Se están llevando todo lo que tienen.

—La guardia nazi exige un tributo a los agricultores. Si una semana no pueden pagar, la semana siguiente se llevan el doble —responde Gonzalo—. No tiene sentido, nunca podrán pagar lo que deben.

—Veo muchísima gente pobre, los guardias les tratan <u>como si</u> **fueran** esclavos —Evans mira a su alrededor—. <u>No me extraña que</u> **quieran** rebelarse.

Casi al mismo tiempo que Evans termina su frase, se escucha una fuerte explosión y el transporte de los guardias vuela en mil pedazos. Al parecer, alguien ha lanzado una granada bajo el vehículo. <u>No parece que</u> **haya** supervivientes entre los guardias. Uno de los mercaderes se sube encima de un coche y grita.

—¡Libertad!

Varios lo siguen y la plaza entera empieza a rugir. La multitud parece exaltada.

—<u>No creo que</u> **sea** buena idea quedarnos aquí —susurra Gonzalo a sus compañeros—. Vendrán más guardias y habrá problemas dentro de poco, deberíamos alejarnos.

—Quiero ver qué pasa —replica Evans.

—Sí, yo también —Lena apoya la decisión del capitan.

—Pues **apartémonos** un poco. <u>Cuando</u> **lleguen** los guardias, esto va a ponerse muy feo, lo he visto antes —Gonzalo empuja a sus compañeros hacia una de las esquinas de la plaza—. Primero rodearán la plaza y acto seguido empezarán a buscar a los responsables. No dudarán en usar la fuerza.

Gonzalo se equivoca, allí no aparece nadie. La multitud se relaja y la plaza vuelve a la normalidad, los mercaderes continúan vendiendo y el tráfico fluye de nuevo. Pasa una hora y ya todo el mundo parece haber olvidado lo ocurrido, los chatarreros no han tardado en limpiar los restos del vehículo destruido y los cuerpos de los guardias han desaparecido misteriosamente. De repente, un viejo camión irrumpe en la plaza. Se abre la puerta del copiloto y aparece un hombre de mediana edad vestido con una cazadora de cuero. El hombre sube a la parte superior del camión con actitud decidida y, empuñando un megáfono, se dirige a los transeúntes. Se hace el silencio entre la multitud, pues todo el mundo presta atención a las palabras del hombre del megáfono.

—Compañeros, lo que hoy ha ocurrido aquí no es más que un paso hacia la victoria, ¡acabaremos con el régimen de opresión! Si estáis cansados de pasar hambre, ¡uníos a nosotros! <u>Todo aquel que</u> **esté** dispuesto a luchar en la rebelión, <u>que</u> **suba** al camión. ¡Valientes! ¡<u>No</u> **os escondáis**! Os necesitamos a todos.

Varios se acercan al transporte y escuchan con atención. En total, unas treinta personas suben al camión.

—¿Qué piensa, señor? —Lena mira a Evans casi pidiéndole que acepte—. ¿Cree que deberíamos ayudar a esta pobre gente?

—Huimos de una guerra para meternos en otra… —Evans piensa durante unos segundos—. Parece que es nuestro destino. De acuerdo, haremos todo lo posible por ayudar a la rebelión.

—Gracias, capitán. Estamos haciendo lo correcto —concluye Lena.

—<u>No</u> **me llame** así más. Ya no estamos a bordo de la Hermes 2, ahora soy un ciudadano más, lo de capitán ya es cosa del pasado.

—<u>Ojalá</u> **pudiera** ir con vosotros, pero ya estoy demasiado viejo para batallitas. Además, mis animales me necesitan —Gonzalo da un paso atrás—. Rezaré cada día por vosotros dos y por vuestros amigos. Si alguna vez necesitáis algo, sabéis dónde está mi casa. Mis puertas siempre estarán abiertas para vosotros.

Lena y Evans se despiden de Gonzalo con un fuerte abrazo y suben al camión.

El vehículo va cargado de gente hasta los topes y el hedor es insoportable. En el suelo del camión hay varias prendas de ropa y las paredes metálicas tienen algunas inscripciones grabadas, nombres y fechas, es <u>como si</u> el vehículo **hubiera transportado** gente anteriormente.

—Ha sido todo demasiado precipitado, deberíamos haber analizado la situación —Evans presenta sus primeras dudas—. Apenas conocemos este mundo.

—Algo me dice que estamos haciendo lo correcto —Lena mira a su alrededor—. Basta con ver la cara de todas estas personas… Están desesperados, no quiero ni imaginarme por lo que habrán pasado.

Evans no responde. El veterano excapitán alza la mirada hacia el techo y analiza el interior del vehículo. Unas pequeñas rendijas permiten entrar algo de luz. Entre la penumbra divisa algo que le parece sospechoso, se levanta y lo observa de cerca.

—¿Qué pasa? —pregunta Lena.

—Mira esto, parece un agujero de bala. <u>No creo que</u> **fuese** hace demasiado tiempo, el metal todavía no se ha oxidado —Evans analiza el orificio y continúa hablando—. No me gusta un pelo todo esto, nos han encerrado aquí y nos llevan como a vacas hacia el matadero.

—Aquí… hay sangre… —Lena toca asustada una pequeña mancha roja—. Todavía no se ha secado del todo, es reciente.

El rumor se extiende entre las personas del camión y todo el mundo empieza a alarmarse. Un hombre mira a través del agujero de bala y después exclama.

—Nos han engañado, nos están llevando al cuartel de la guardia de la ciudad. No son de la resistencia, son cazarrecompensas.

—¿Cazarrecompensas? —Evans se extraña al oír esta palabra. El hombre le responde rápidamente.

—Sí, lo que has oído. Gente que se dedica a vender insurgentes, rebeldes, sospechosos de traición y demás. La guardia ofrece recompensas por entregar a <u>todo aquel que</u> **esté** en contra del régimen nazi.

—¿Qué harán con nosotros? —pregunta Lena.

—Torturas, cadena perpetua, ejecutarnos, no sé… <u>No creo que</u> nos **permitan** volver a pisar la calle.

—De acuerdo, ¡**escúchenme** todos! —Evans alza la voz, sacando de nuevo sus dotes de liderazgo—. Nos están llevando hacia el matadero. Ellos tienen armas y nosotros no, por eso debemos aprovechar nuestra única oportunidad. <u>Cuando</u> **se abran** las puertas, nos abalanzaremos sobre los guardias, correremos <u>tan rápido como</u> **podamos** y <u>quizás</u> **logremos** escapar. <u>Es posible que</u> muchos de nosotros **muramos** hoy aquí, pero la alternativa es mucho peor. No nos queda otra opción.

El discurso parece haber infundado valor entre las personas del camión, pues todos se preparan para sorprender al enemigo. Poco a poco, el vehículo reduce la velocidad hasta que, finalmente, se detiene. Se escuchan pasos en el exterior. Evans mira por el agujero de la bala y puede ver el cuartel, varios hombres armados esperan fuera del transporte. Las puertas se abren y el plan de Evans funciona a la perfección: una avalancha de personas arrolla a unos pocos guardias que se ven sorprendidos. Los prisioneros corren en todas direcciones y se escuchan los primeros disparos.

—¡Allí! ¡La valla! —grita Evans al tiempo que corre—. ¡Tenemos que llegar hasta ella!

Lena demuestra su capacidad física y vuela como una gacela a toda velocidad hacia la libertad. Los disparos no cesan, se escuchan gritos y súplicas. La valla es más alta de lo que parecía. Al otro lado se puede ver un amplio terreno lleno de basura, parece un vertedero. Lena trepa por la valla con agilidad y Evans la sigue. En lo alto hay un cable electrificado, Evans utiliza su chaqueta para apartar el cable y ayuda a Lena a pasar.

—¡Vamos! Ahora usted, capitán —la joven piloto prácticamente no puede terminar su frase, pues una bala impacta en el hombro de Evans y este se desploma hacia atrás, cayendo fuertemente contra el suelo.

—¡**Váyase**, Lena! —son las únicas palabras que el capitán es capaz de pronunciar antes de desmayarse.

—¡Nooooooooo! —grita la muchacha con todas sus fuerzas. Unos segundos después, entiende que debe huir. Varios guardias se acercan a la valla y rodean el cuerpo de Evans.

Su respiración está acelerada. Lena se abre paso a través del vertedero de basura a toda velocidad, corre sin mirar atrás. Finalmente, llega a una calle abarrotada, se esconde entre la multitud y llora sin control.

—Ya casi han pasado dos años, lo recuerdo <u>como si</u> **fuera** ayer: el camión, los gritos, la gente corriendo, la cara de Evans al otro lado de la valla… —Lena, obsesionada, relata su historia de nuevo. Le da vueltas y vueltas mientras Gonzalo escucha atentamente—. <u>Si</u> aquel día yo no le **hubiera dicho**…

—Deja de culparte ya —Gonzalo interrumpe a la joven—. <u>Si</u> yo no os **hubiera llevado** aquel día a aquella plaza, nada de esto habría ocurrido. Pero lamentarse no sirve de nada, el pasado no se puede cambiar.

Lena se levanta, recoge unos documentos y los lanza a la chimenea. Los papeles arden en cuestión de segundos.

—Lo siento, es que he tenido un mal día. No hay ni rastro de mi familia en esta realidad y la única persona que me conoce de verdad está en prisión desde hace dos años y va a ser ejecutada sin motivo.

Gonzalo se incorpora torpemente y posa su mano en el hombro de Lena.

—Esa es otra cosa que quería decirte, Lena. ¿Seguro que quieres ir allí a verlo? <u>No creo que</u> **sea** una buena idea.

—Voy a ir, ya está decidido.

—Pues deberías salir ya —Gonzalo agacha la cabeza y continúa hablando—. La ejecución está programada para las 17:00, en la misma plaza donde os subisteis al camión.

Lena no dice ni una palabra, solo se calza las botas y se prepara para salir de la vieja casa en la montaña. Gonzalo la retiene un momento para despedirse.

—Por favor, <u>no</u> **hagas** ninguna tontería. Ten cuidado. Te estaré esperando con la cena.

—Gracias por todo, eres un buen hombre.

Lena sale por la puerta y se dirige hacia la ciudad. Hace un sol radiante que calienta con intensidad, al cabo de unos minutos ya está sudando. No puede evitar pensar en lo mucho que habrá sufrido Evans en prisión, le habrán torturado para hacerle confesar cosas de las que no tiene ni idea. A pesar de las palabras de Gonzalo, ella se siente culpable. Algo dentro de su corazón le dice que debe luchar por salvar a aquel que siempre considerará su capitán.

La puerta norte de acceso a la urbe está tan transitada como siempre, Lena sabe bien cómo escabullirse de los guardias y evitar el control de seguridad. A paso rápido llega hasta la plaza donde se están realizando los preparativos para las ejecuciones públicas de prisioneros, todavía queda media hora. Al lugar se acercan poco a poco familiares y curiosos.

Es inevitable, al ver aquel lugar, los recuerdos vuelven a su mente: la revuelta en la plaza, el camión, el hombre del megáfono... Lena mira hacia el cielo y recuerda su viaje a bordo de la Hermes 2, piensa en que nada de esto habría ocurrido <u>si</u> ellos no **hubieran viajado** en el tiempo. Piensa en Eric, ¿cómo pudo ayudar a los nazis? Debieron de torturarlo. Lena se pregunta qué habría hecho ella <u>si</u> **hubiera estado** en su lugar.

Se acerca la hora, la plaza ya está abarrotada de gente y los prisioneros van saliendo de uno en uno. Lena recuerda las palabras de Gonzalo: "<u>No</u> **hagas** ninguna tontería". Pero sabe de sobra que no puede quedarse sin hacer nada. Está nerviosa, el plan es demasiado improvisado, <u>es más que probable que</u> todo **salga** mal. Su cabeza es un mar de dudas, pero al ver cómo los guardias empujan a Evans hacia una pared, desaparecen todos sus miedos.

—¡Alto! ¡Detened esta locura! —grita Lena al tiempo que sale de entre la multitud. En su mano derecha porta una granada—. Soltad ahora mismo a los prisioneros o tiro de la anilla y morimos todos.

Los guardias parecen notablemente asustados al ver a la chica con el artefacto explosivo en su mano, varios de ellos dan algunos pasos hacia atrás.

—Lena, ¿pero qué está haciendo? —Evans se dirige hacia su compañera alarmado—. ¡**Salga** de aquí! ¡**Váyase**!

—No sin usted, señor.

La multitud está expectante ante los acontecimientos que ni el mejor grupo teatral podría recrear. Un oficial uniformado avanza lentamente hacia Lena y habla con seguridad.

—A ver, muchacha, vamos a tranquilizarnos. No sé de dónde habrás sacado esa granada, pero debes saber que no es un juguete.

—¡<u>Os he dicho que</u> los **soltéis**! —Lena se pone más y más nerviosa al tiempo que el oficial avanza—. ¡<u>No</u> **te acerques** más!

El hombre se detiene. Lo que Lena no ve es que otros dos guardias la atacan por la espalda: uno de ellos le quita la granada de la mano, el otro la golpea en la cabeza. En menos de un segundo, Lena se encuentra inmovilizada contra el suelo.

—¡Noooooo! —Evans forcejea inútilmente para tratar de liberarse de sus cadenas.

Los guardias empujan a Lena hacia la pared donde se encuentran los presos. Ella abraza con fuerza a Evans y ambos empiezan a llorar.

—¡**Carguen** armas! —el oficial nazi da la orden a sus soldados.

Cinco hombres armados con fusiles se sitúan frente a los prisioneros y se preparan para disparar. Se empiezan a ver gestos de terror entre la multitud que hace de público.

—¡**Apunten**! —el oficial grita con energía—. ¡Fuego!

Lena y Evans se abrazan con más fuerza y cierran los ojos, esperando lo inevitable. Sin embargo, no llegan a escuchar los disparos. Abren los ojos, pero un potente destello los ciega. Todo se vuelve de un blanco intenso hasta que no se ve absolutamente nada. Se escucha un fuerte pitido ensordecedor y sus cuerpos se hielan de frío durante unos instantes. De repente, el resplandor desaparece y todo es diferente. Están en la misma plaza, pero no hay ni rastro del pelotón de fusilamiento, tampoco hay ningún soldado nazi a la vista, el público ha desaparecido y la plaza está llena de gente que disfruta de un día normal.

—¿Qué está pasando? ¿Estamos muertos? —pregunta Lena.

—No lo creo —responde Evans—. Los coches… los edificios… la ropa de la gente… todo ha cambiado.

Los dos comienzan a andar tímidamente por las calles de esa nueva ciudad. Efectivamente, no hay ni rastro de la pesadilla en la que se encontraban.

—¿Crees que es posible que…? —Lena no termina su pregunta, aun así, Evans es capaz de responderle.

—No lo sé, pero debemos ser prudentes. Solo hay una persona en esta ciudad en la <u>que</u> **podamos** confiar. ¿Sigue con vida?

—Sí, sigue en su vieja casa de la montaña, vamos a verlo.

Lena ayuda a Evans a caminar. Avanzan entre las calles sin dejar de sorprenderse. Todo parece haber vuelto a la normalidad y la pobreza ha desaparecido por completo. Lo que antes era la puerta norte de acceso a la ciudad, siempre abarrotada de gente y colapsada por los controles de los guardias, se ha convertido en una hermosa avenida. Tras varias horas de caminata, llegan a la casa de Gonzalo y tocan la puerta con decisión.

La vieja puerta se abre. Un hombre de unos treinta años se sorprende al ver a los visitantes. Con su mano, retiene dentro de la casa a un curioso niño moreno que quiere ver quién ha venido a visitarles.

—**<u>Perdone</u>**, estamos buscando a Gonzalo, solía vivir aquí —Evans es el primero en hablar—. Nos gustaría hablar con él, somos amigos.

—Gonzalo… imagino que os referís a mi padre, <u>dudo que</u> **podáis** hablar con él. Llegáis varios años tarde, murió <u>antes de que</u> **naciera** su nieto. Además, vuestras caras no me suenan.

La joven piloto es incapaz de abrir la boca, Evans responde por ella.

—Lo sentimos mucho. Ella es Lena y yo soy Evans, tu padre nos ayudó hace años. Lamentamos su muerte, era un buen hombre.

La pareja se despide y se aleja lentamente por el jardín de la casa. La puerta se cierra, pero, tras unos segundos, se abre de nuevo.

—¡Esperad! ¿Habéis dicho Lena y Evans?

—Sí —ambos contestan al unísono.

—Creo que deberíais ver una cosa —el hombre entra en la casa y vuelve con un viejo baúl.

—¿Qué es esto? —pregunta Lena intrigada.

—Lleva en la casa muchísimos años, mi abuelo se lo dejó a mi padre y mi padre a mí. Al parecer, alguien se lo dio a mi abuelo hace unos cien años —el hombre relata ante la atenta pareja—. Nos hemos transmitido un mensaje de generación en generación: "Algún día alguien vendrá a recoger este baúl". A mí me parecía una tontería, pero…

Lena se apresura y analiza delicadamente la vieja caja de madera con sus manos.

—Tiene una inscripción: "Para el capitán Evans y la piloto Lena".

—Sí, también tiene un candado bastante sofisticado —el hombre muestra el cierre metálico de la caja—. Es una combinación de seis letras y un número. Debo admitir que una vez me picó la curiosidad y traté de abrir el baúl, probé varias combinaciones con vuestros nombres y no conseguí nada.

—Seis letras… seis letras y un número… —Evans piensa durante un instante—. ¡Hermes 2!

La combinación es correcta, el baúl se abre. En su interior hay varias fotografías antiguas.

—¡Son ellos! —exclama Lena emocionada al tiempo que sujeta una de las fotos—. Eric, Igor y Mao. Hay una fecha, 21.09.1954. ¡Lo consiguieron! También hay una carta escrita a mano, la leo.

"Queridos Evans y Lena:

*No sabemos si algún día leeréis esta carta, pero os deseamos lo mejor, <u>dondequiera que</u> **estéis**. No pasa un solo día <u>sin que</u> **pensemos** en vosotros.*

Nuestra despedida fue repentina, no podía ser de otro modo. <u>Si</u>

hubiéramos hablado *un poco más aquel día en la casa de Gonzalo, _no habríamos sido_ capaces de despegar y abandonar el planeta.*

Nuestro viaje fue largo, pero la misión ha sido todo un éxito, al menos eso creemos. Eric está a salvo, soportó las torturas de los nazis durante meses y no dijo nada. Estaba a punto de ceder, pero nosotros llegamos justo a tiempo. Los nazis perdieron la guerra, tal y como debía suceder. También nos aseguramos de que se formase la ONU, organización que algún día presidirá su padre, capitán Evans.

Hicimos un pacto: no alterar el futuro. Cada uno de nosotros se ha comprometido a ello. Es un pacto difícil de mantener, pues todos queremos lo mejor para los nuestros, pero así debe ser. Nos hemos alejado de la civilización y nuestro único contacto con el mundo es la familia del abuelo de Gonzalo, un buen hombre que nos ha acogido en su casa y al que ayudamos en todo lo que podemos.

*En cuanto a la Hermes 2, tuvimos algunas complicaciones durante nuestro viaje y la nave quedó prácticamente destruida. Seguro que, _si_ **hubiera pilotado** Lena, el aterrizaje habría sido mucho más suave. Sabíamos que la tecnología de la nave no debía caer en las manos equivocadas, por lo que decidimos hundirla en lo más profundo de la fosa de las Marianas, _quizás_ algún día la **encontréis** allí.*

*Hemos enmendado los errores que cometimos en el pasado y el futuro será el que debe ser, _esperamos que_ nuestro sacrificio **sirva** _para que_ otras personas, personas buenas como nuestro amigo Álex, **puedan** vivir sus vidas dignamente.*

Lena, ¿recuerdas cuando Mao nos dijo que…"

La joven piloto deja de leer por unos instantes para limpiar las lágrimas que caen de sus ojos y, sin decir palabra alguna, abraza a Evans con fuerza.

—Lo consiguieron —Evans no oculta su emoción—. Han cambiado la historia, nos han salvado y le han dado una segunda oportunidad a este mundo.

El hijo de Gonzalo interrumpe el momento emotivo.

—Hay tres tumbas en la parte trasera de la casa, junto a la de mi bisabuelo. Creo que son de vuestros amigos.

—Auténticos héroes —Evans ya llora sin control por la emoción. La barrera que le hacía comportarse con seriedad se rompe por completo—. La mejor tripulación que jamás he tenido.

FIN

CHISTES CON SUBJUNTIVO

Un poco de humor para practicar el subjuntivo.

<u>Quiero que</u> mi marido me **haga** más caso. Por eso voy a buscar un perfume con olor a teléfono móvil.

- ¿Por qué no riegas el jardín?

- Pues porque está lloviendo, ¿no lo ves?

- <u>No</u> **seas** vago, amigo. Aquí tienes un paraguas.

Un científico le dice a otro:

- He diseñado una nave espacial capaz de viajar al sol en tan solo 15 días.

- No creo que eso **sea** posible. La nave se derretiría por el calor del sol.

- ¿Y a ti quién te ha dicho que vamos a ir de día?

Madonna tiene 60 años y su novio 28. Jennifer López, 49, y su novio, 33. Si no estás saliendo con nadie, <u>no</u> **te preocupes**, <u>es posible que</u> todavía no **haya nacido**.

<u>No creo que</u> **debamos** recordar en los libros de historia a los inventores que crearon cosas solamente para hacer daño al ser humano, como por ejemplo el inventor de la bomba nuclear, el de la silla eléctrica o el del despertador.

- Amigo, <u>si</u> **supieras** que mañana voy a morir, ¿qué me dirías hoy?

- Hmmm… ¿Me prestas 500 euros y mañana te los devuelvo?

- Cariño, <u>quiero que</u> me **sorprendas** en este San Valentín.

- Claro, ¿ves el Ferrari rojo que está aparcado delante de nuestra casa?

- ¡Sí!

- Pues te he comprado un pintauñas del mismo color.

El capitán le habla al nuevo soldado en el ejército.

- ¡**Dígame** su nombre!

- Pepepepepepep pepepepepep pepepepe Pedro Tootototototot tototototo Torres.

- ¡Soldado, **repita** su nombre!

- Pepepepepepep pepepepepep pepepepe Pedro Tootototototot tototototo Torres.

- Pero… ¿Qué le pasa a usted? ¿Es tartamudo?

- No, señor. El tartamudo era mi padre, que me puso el nombre.

Una rubia se acerca a la recepción de la estación de trenes y pregunta.

- **Perdone**, ¿cuánto tiempo tarda el tren de Barcelona a Madrid?

La recepcionista, hablando por teléfono, le responde.

- **Espere**, un segundo, enseguida le atiendo.

- Oh, ¡qué tren más rápido!

- **Perdone**, ¿tienen puzles difíciles?

- Sí, ¿qué le parece este de 500 piezas?

- Facilísimo, eso lo hago yo en 5 minutos.

- ¿Y este con un paisaje del Teide de 1000 piezas?

- Un juego de niños, no me duraría ni 10 minutos.

- Pues tengo otro de 3000 piezas, es un caballo sobre un fondo blanco.

- <u>No creo que</u> **tenga** sentido comprarlo, lo haría en menos de 15 minutos.

- Pues **váyase** a la panadería, **cómprese** pan rallado y **haga** una baguete con él.

CANCIONES PARA COMPLETAR CON SUBJUNTIVO

A Dios le pido, Juanes

Que mis ojos se (1)................ con la luz de tu mirada, yo…
A Dios le pido.
Que mi madre no se muera y que mi padre me (2)..................
A Dios le pido.
Que te quedes a mi (3)................. y que más nunca te me vayas, mi
vida.
A Dios le pido.
Que mi alma no (4).................. cuando de amarte se trate, mi cielo.
A Dios le pido.

Por los días que me quedan y las (5)................. que aún no llegan,
yo…
A Dios le pido.
Por los hijos de mis hijos y los hijos de tus hijos.
A Dios le pido.

Que mi pueblo no derrame tanta sangre y se (6)................. mi gente.
A Dios le pido
Que mi alma no descanse (7).................. de amarte se trate, mi cielo.
A Dios le pido

Un segundo más de vida para darte
y mi corazón entero (8)..................
Un segundo más de vida para darte
y a tu lado para siempre yo (9)..................
Un segundo más de vida, yo…
A Dios le pido.

Que si me muero, (10).................. de amor.
Y si me enamoro, sea de voz.
Y que de tu voz (11).................. este corazón.
Todos los días a Dios le pido (x2).

Soluciones: 1 despierten, 2 recuerde, 3 lado, 4 descanse, 5 noches, 6 levante, 7 cuando, 8 entregarte, 9 quedarme, 10 sea, 11 sea.

Puede ser, La oreja de Van Gogh y El canto del loco

No sé si quedan (1)....................
y si existe el amor.
Si puedo contar (2)..................
para hablar de dolor.
Si existe alguien que (3)....................
cuando alzo la voz.
Y no sentirme (4).................... .

Puede ser que la vida me (5).................... hasta el sol.
Puede ser que el mal (6).................... tus horas.
O que toda tu risa le (7).................... ese pulso al dolor.
Puede ser que el malo (8).................... hoy.
Naces y vives solo, naces y vives solo,
naces y vives solo hoy.

Voy haciendo mis planes,
voy sabiendo (9).................... soy.
Voy buscando mi parte,
voy logrando el control.
Van jugando (10)....................,
van rompiendo tu amor.
Van dejándote (11)....................
Naces y vives solo, naces y vives solo,
naces y vives solo hoy.

Algo puede mejorar,
algo que (12).................... encontrar,
algo que me dé ese aliento,
que me (13).................... a imaginar.
Y yo lo quiero lograr.
Ya no quiero (14).................... ,
y darle tiempo a este momento,
que me ayude a superar,
que me (15).................... tu sentimiento.

*Estribillo

Esta noche contigo, Joaquín Sabina

Que no (1)................. los coches.
Que se (2)................. todas las factorías.
Que la ciudad se (3)................. de largas noches y calles frías.
Que se (4)................. las velas,
que (5)................. los teatros y los hoteles,
que se (6)................. dormidos los centinelas en los cuarteles.

Que se (7)................. las balas,
que se (8)................. las fotos de las revistas,
que se (9)................. a besos las colegiales a los artistas.
Que se (10)................. la gente,
que no (11)................. los trenes a la frontera,
que (12)................. cariñosas con los clientes las camareras.

Porque voy a salir esta noche contigo, se quedarán sin beatos las catedrales
y seremos dos gatos al abrigo de los portales.

Que se (13)................. las flores,
que (14)................. las cigüeñas al calendario,
que (15)................. por amores los dictadores y los notarios.
Que se (16)................. el olvido,
que se (17)................. las llaves de los juzgados,
que se (18)................. Cupido de los maridos abandonados.

Porque voy a salir esta noche contigo, se quedarán sin coartada los
criminales y serás mi invitada en paraísos artificiales.

Cuando (19)................. por fin mi mensaje a tus manos,
en la gasolinera vieja esperaré;
y tomaremos juntos al abordaje la (20).................que te conté.
Dejaremos colgada
la caprichosa luna sobre los cines
y las estatuas públicas derribadas en los (21).................

Porque voy a salir esta noche contigo, se quedarán sin medallas los
generales y seremos los gatos más canallas de los portales.

Soluciones: 1 arranquen, 2 detengan, 3 llene, 4 enciendan, 5 cierren, 6 queden, 7 mojen, 8 borren, 9 coman, 10 toque, 11 lleguen,12 sean,13 enfaden ,14 vuelvan ,15 sufran,16 muera ,17 escondan , 18 acuerde, 19 llegue, 20 carretera, 21 jardines.

Noches de boda, Joaquín Sabina

Que el maquillaje no (1)................. tu risa.
Que el equipaje no lastre tus alas.
Que el calendario no (2)................ con prisas.
Que el diccionario detenga las balas.

Que las persianas corrijan la aurora.
Que (3)................. el quiero la guerra del puedo.
Que los que esperan no cuenten las horas.
Que los que matan se (4)................ de miedo.

Que el fin del mundo te pille bailando.
Que el escenario te tiña las canas.
Que nunca (5)................. ni cómo, ni cuándo.
Ni ciento volando, ni ayer ni mañana.

Que el corazón no se (6)................ de moda.
Que los otoños te doren la piel.
Que cada noche (7)................ noche de bodas.
Que no se ponga la luna de miel.
Que todas las noches sean noches de boda.
Que todas las lunas sean lunas de miel.

Que las verdades no (8)................. complejos.
Que las mentiras parezcan mentira.
Que no te (9)................. la razón los espejos.
Que te aproveche mirar lo que miras.

Que no se ocupe de ti el desamparo.
Que cada cena (10)................. tu última cena.
Que ser valiente no salga tan caro.
Que ser cobarde no (11)................. la pena.

Que no te compren por menos de nada.
Que no te (12)................ amor sin espinas.
Que no te duerman con cuentos de hadas.
Que no te (13)................ el bar de la esquina.

*Estribillo

Haz de luz, Rayden

Quiero que (1)................. el atardecer cuando el sol empieza a caer.
Y tras él las farolas se encienden, el cielo se prende, se tiñe de tonos pastel.
Que (2)................. el mundo a tus pies y también de montera.
Que (3)................. seguir las pisadas sabiendo el peaje que tiene querer
dejar huella.

Que nada te ciegue a menos que sea otra mirada.
Que llegues, (4)................. los ojos, los abras y veas la luz de una vela
apagada.
Que me pongas cara, me digas si esta voz me pega.
Que (5)................. pescar en el agua el reflejo de la Luna llena.

Que cuentes todos los segundos que tarda en vaciarse un reloj de arena.
Que (6)................. la bola del mundo y elijas destino al azar con las
yemas.
Que veas Madrid, París, Berlín, Pekín y también Las Vegas.
Que (7)................. contemplar todo hasta donde tu vista llega.

Que te hipnotice una llama de una hoguera en mitad de la playa.
Y se (8)................. como las mareas mueven olas contra la Atalaya.
Que se giren hacia mí tus ojos, tus ojos lentos.
En ese punto entre el alma y el cuerpo, cerrándolos conmigo dentro.
Quiero que nos (9)................. a ver.

Déjame ver cómo me ven tus ojos, ven.
Quiero decirte que si hablamos de mirar.
Los ojos son de quién te los hace brillar.
Quiero que nos volvamos a ver (x2).

Quiero que (10)................. a un cine y te sientes, ver en cada escena
cómo te sorprenden efectos especiales y que dudes si son reales.
Que te (11)................. mirando hacia el cielo buscando en las nubes
formas de animales.
Cometas y estrellas fugaces, fuegos artificiales.

Que si nubla y diluvia de nuevo, que (12)................. pestañas del dedo.
Con los dedos cuenten los segundos y cuanto separan el rayo del trueno.
Que cuentes todas las estrellas y (13)................. tu firma por el
firmamento.
A fin de ponerle tu nombre este mundo, pues es del color con el que
quieras verlo.

Que sepas que toda luz lleva sujeta una silueta.

Que leas lo más bonito del mundo aunque se (14).................. con mala
letra.
Que no son los ojos, es la mirada.
Que no es la mirada, es cómo me miras.
Que no es como miras, es cómo te callas y dices aunque no lo
(15)...................

Que (16).................. todas las cosas, sobre todo las más importantes.
Pero la cosa es que paradójicamente no se dejan ver las más grandes.
O se ven con los ojos cerrados, por eso será que los cerramos.
Cuando besamos, lloramos y soñamos.
Quiero que nos volvamos a ver.

*Estribillo

EJERCICIOS PARA PRACTICAR EL SUBJUNTIVO

Convierte estas frases al IMPERATIVO NEGATIVO.

1. ¡Fuma en casa! ....

2. ¡Bebe cerveza! ....

3. ¡Di algo! ....

4. ¡Hablad con ella! ....

5. ¡Comprad ropa! ....

Conjuga los verbos entre paréntesis utilizando el SUBJUNTIVO.

6. Cuando .... (yo/tener) 50 años, viviré en Valencia.

7. Cuando .... (yo/salir) del trabajo, te llamaré.

8. Cuando .... (tú/acabar), ven a mi casa.

9. Cuando .... (nosotros/ser) mayores, trabajaremos
aquí.

10. Cuando .... (yo/volver), limpiaré mi habitación.

Conjuga los verbos entre paréntesis utilizando el SUBJUNTIVO.

1. No me gusta que .... (tú/salir) tan tarde de casa.

2. No quiero que .... (ella/ir) a la fiesta.

3. Él necesita que .... (nosotros/comprar) pan.

4. Me molesta que .... (tú/ser) maleducado.

5. No quiero que .... (él/venir) mañana a casa.

Conjuga los verbos entre paréntesis utilizando el presente de subjuntivo.

6. Quizás .... (yo/quedarme) en la escuela estudiando.

7. Ojalá .... (él/estar) ya en casa.

8. Tal vez .... (nosotros/comprar) una casa nueva.

9. Probablemente .... (yo/poder) ir contigo mañana al cine.

10. Es posible que .... (tú/tener) problemas si continúas así.

Pasa estas oraciones al pasado, cambia el SUBJUNTIVO del presente al pretérito imperfecto.

1. Le doy dinero para que no tenga problemas.
....

2. Voy a visitar a mi abuela para que no se sienta sola.
....

3. El revisor dice que pagues el billete.
....

4. Me gusta que me regales tantas flores.
....

5. Le llamo todos los días antes de que salga del trabajo.
....

6. Necesito un camarero que sepa hablar bien inglés.
....

7. Quiero que vayas a la tienda.
....

8. Escribo siempre con mayúsculas para que entiendan mi letra.
....

Soluciones:
1 Le di dinero para que no tuviera problemas, 2 Fui a visitar a mi abuela para que no se sintiera sola, 3 El revisor dijo que pagaras el billete, 4 Me gustaba que me regalaras tantas flores, 5 Le llamaba todos los días antes de que saliera del trabajo, 6 Necesitaba un camarero que supiera hablar bien inglés, 7 Quería que fueras a la tienda, 8 Escribía siempre con mayúsculas para que entendieran mi letra.

Conjuga los verbos entre paréntesis utilizando el pretérito imperfecto de subjuntivo.

1. Me dijo que .... (yo/ir) con ellos.

2. No creo que .... (ellos/querer) ayudarnos.

3. Buscaba a alguien que .... (él/poder) hacerlo bien.

4. No es posible que .... (ellos/llegar) antes que María.

5. Si .... (yo/querer), sería rico.

Forma frases condicionales poco probables.
(si + imperfecto de subjuntivo + condicional simple)

Ejemplo: Tú / ser más alto / jugar al baloncesto.
Si fueras más alto jugarías al baloncesto.

6. Él / estudiar más / aprobar algún examen.
....

7. Yo / tener dinero / comprar un coche.
....

8. Nosotros / poder llegar antes / ayudarte.
....

9. Tú / trabajar por las tardes / ganar más dinero.
....

Conjuga los verbos entre paréntesis utilizando el pretérito pluscuamperfecto de subjuntivo.

1. No creía que .... (yo/hacer) nada malo.

2. No le gustó que .... (ellos/romper) su reloj.

3. Si .... (yo/ver), te lo habría dicho.

4. ¿Qué habrías hecho si .... (tú/estar) allí?

5. Si .... (yo/querer), sería rico.

Forma frases condicionales pasadas imposibles.
(si + pluscuamperfecto de subjuntivo + condicional simple/compuesto)

Ejemplo: Tú / nacer en China / estudiar chino.
Si hubieras nacido en China, habrías estudiado chino.

5. Él / llegar antes / comer con nosotros.
....

6. Cristóbal Colón / tener mejores barcos / llegar antes.
....

7. Yo / saber que no veníais / comprar menos comida.
....

8. Nosotros / tener tiempo / hacerlo.
....

1 hubiera hecho, 2 hubieran roto, 3 hubiera visto, 4 hubieras estado, 5 Si hubiera llegado antes, habría comido con nosotros, 6 Si Cristóbal Colón hubiera tenido mejores barcos, habría llegado antes, 7 Si hubiera sabido que no veníais, habría comprado menos comida, 8 Si hubiéramos tenido tiempo, lo habríamos hecho.

LIBROS QUE TE PUEDEN INTERESAR

 "NUEVO DELE A1", cuaderno de ejercicios para preparar la prueba de español DELE A1. Incluye tres modelos completos del examen, ejercicios de preparación, consejos, audios y soluciones.

 "NUEVO DELE A2", es un manual para preparar el examen de español DELE A2, contiene 4 modelos completos del examen, soluciones, consejos y ejercicios de vocabulario.

 "Nuevo DELE B1", es un manual para preparar el examen de español DELE B1, contiene 4 modelos completos del examen, soluciones, consejos y ejercicios de vocabulario.

 "Nuevo DELE B2", manual para preparar el examen de español DELE B2, contiene 4 modelos completos del examen, soluciones, audios, consejos y ejercicios de vocabulario.

 "NUEVO DELE C1", es un manual para preparar la prueba de español DELE C1. Incluye 4 modelos completos del examen, soluciones, audios, consejos y ejercicios de vocabulario.

 "NUEVO DELE C2", se trata de un manual para preparar el examen de español DELE C2, contiene 4 modelos completos del examen, soluciones, consejos y ejercicios de vocabulario.

 "SIELE, preparación para el examen" es un manual para superar la prueba de lengua española SIELE. El libro contiene multitud de ejercicios desde el nivel A1 hasta el nivel C1,

 "24 horas, para estudiantes de español" es una novela criminal adaptada para estudiantes. Desde el nivel A2. La historia tiene lugar en Alicante. Incluye vocabulario, ejercicios y un juego de pistas.

"Vocabulario español A1" es un diccionario ilustrado por categorías y multitud de ejercicios para estudiantes de primer año de español. Es perfecto para consolidar el nivel básico de español. Incluye multitud de actividades online.

"La prisión: elige tu propia aventura" es una novela para los estudiantes de nivel más avanzado. Tiene 31 finales diferentes a los que llegaremos tomando diferentes decisiones. El objetivo es escapar de la prisión.

"Materiales para las clases de español" es un libro con cientos de recursos que los profesores pueden utilizar en sus clases. Incluye ejercicios de todo tipo y para todos los niveles, tanto para clases individuales como para grupos.

"Conversación, para las clases de español" es un libro para profesores de español con multitud de ejercicios de expresión oral. Un manual con debates, situaciones de rol, ejercicios de exámenes, juegos y mucho más.

"Spanish for Business", es un manual para todas aquellas personas que utilizan la lengua española en su trabajo. El libro incluye un modelo completo del examen DELE B2.

"OBJETIVO SUBJUNTIVO" es un cuadernillo de ejercicios bueno, bonito y barato para practicar los diferentes tiempos del modo subjuntivo en español. Además, el cuadernillo da acceso a un curso online a un precio especial.

"Aprender español con canciones" es un es un libro para aprender de una forma diferente. Lo más importante es que el alumno descubre una gran cantidad de artistas de diferentes países que cantan en español.

AGRADECIMIENTOS

A mi familia, que siempre ha estado ahí y que me ha apoyado en cada uno de mis proyectos.

A mi buen amigo Melez, diseñador gráfico que hace las mejores portadas del mundo.

A ti, por haber leído este libro. Espero que hayas disfrutado con él, si tienes cualquier duda, por favor, escríbeme a mi email: ramondiezgalan@gmail.com

Si puedes dejar un comentario sobre el libro en la página web donde lo compraste, me ayudarías muchísimo ☺ Además, si me envías a mi email el enlace al comentario que has dejado en la web donde compraste el libro o una captura de pantalla del mismo, te enviaré un regalito ;)

PARA MÁS CONTENIDO GRATUITO, ÚNETE A LA COMUNIDAD DE INSTAGRAM: *EL SEMÁFORO ESPAÑOL*

Made in the USA
Monee, IL
08 July 2026